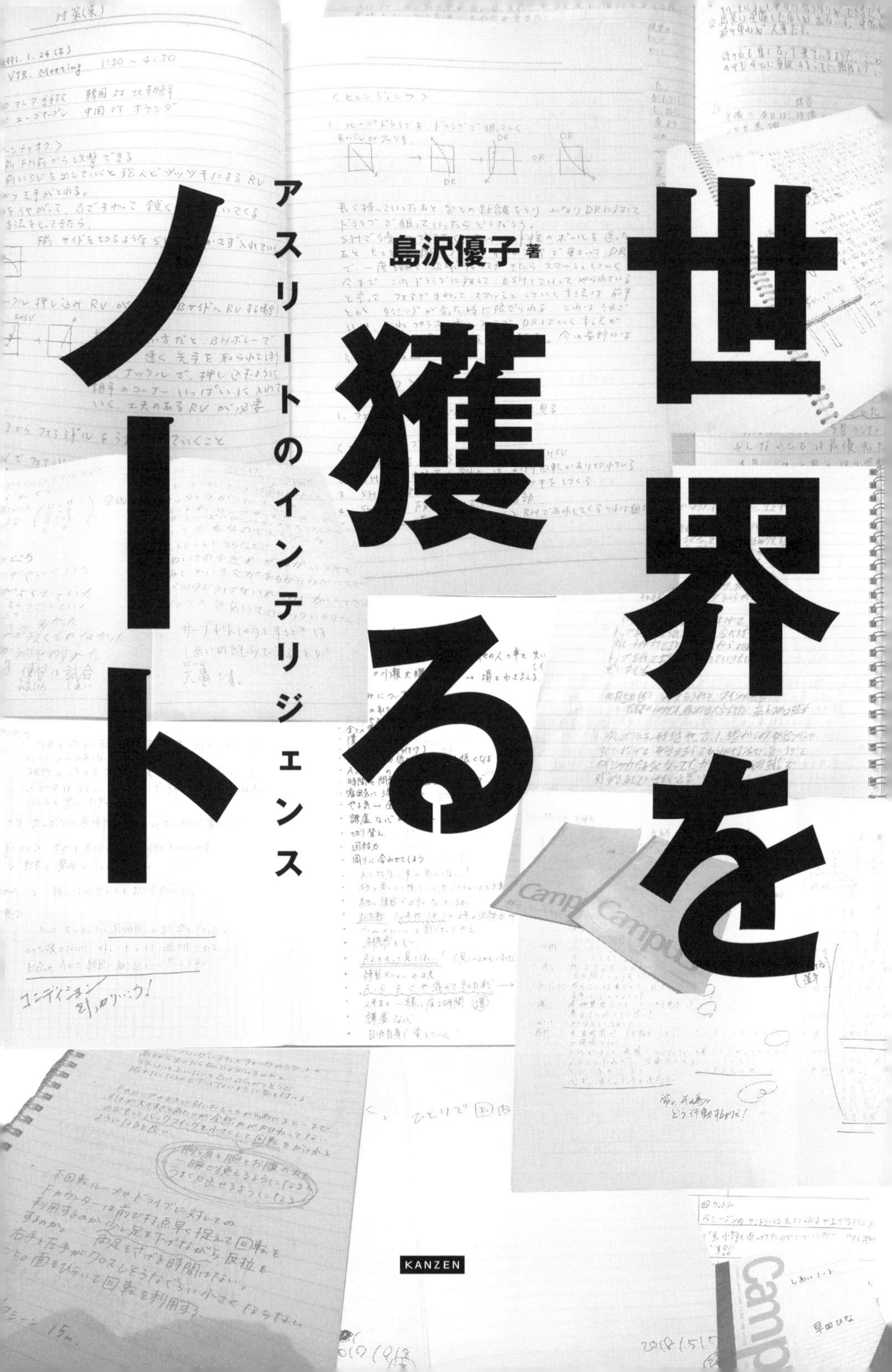

世界を獲るノート

アスリートのインテリジェンス

島沢優子 著

KANZEN

プロローグ

森保監督の白いメモ、オシムさんの言葉

メディカルトレーナーの男性が、感心したようにつぶやいた。

「サッカーのユースチームで公式戦前に重いねん挫をした選手の治療とリハビリをサポートしたのですが、指示した以上のことを自分で考えてやってくるんです。人間性が治癒を早めるということを、あらためて教わりました」

サッカーでも、どんなスポーツでも、賢くないと上は目指せない。その賢さは、学校の勉強ができるといった単純な話ではない――。実はよく言われることだ。

ACミランで長年トレーナーを務める遠藤友則さんもまったく同じことを話していた。

「最後に勝負を決めるのは人間性なんですよ」

トレーナーという仕事は、更地で無防備な選手の姿を目にすることが多い。彼らの実感は正解だろう。

そういえば、オシムさん（日本代表前監督イビチャ・オシム氏）だって、「インテリジェンスがなくてはダメだ」と言った。

じゃあ、アスリートの賢さってなんだろう。知性って？

人間性って、どういうもの？　どうやって育まれるのか。
それらを具象化するものとして、ノートが浮かんだ。

1990年に日刊スポーツ新聞社でスポーツ記者になって以来、スポーツを見てきて思うのは、スポーツの高度化と複雑化だ。

サッカーのスピード化と戦術の多様化。野球は150キロの球を投げても驚かなくなった。フィギュアは女子が4回転、男子は4回転半時代に入ると言われる。

そんな高度化と複雑化を乗り越えて、アスリートは世界を目指す。指導者はその手伝いをする。常に学び研磨する両者の多くが、ノートを携えていた。

そして今。現日本代表の森保一監督も試合中、ずっと白い小さなメモ用紙にボールペンでメモを取っている。

そんな発想から取材を始めた。2年越しと時間はかかったが、成功者たちを貫く一本の串が見つかった。楽しく読み解いていただけたら幸いだ。

2019年2月　　島沢優子

『世界を獲るノート　アスリートのインテリジェンス』

目次

第2章

指導者から見た「アスリートのインテリジェンス」

第3章

脳とメンタル

文中敬称略。登場人物の年齢や所属は２０１９年２月現在のものです。

第1章

世界を獲るノート

コーチと書いた79冊

卓球

伊藤美誠（スターツ）

いとう・みま

2000年、静岡県出身。16年リオデジャネイロ五輪卓球女子団体で銅メダル獲得に貢献、五輪での卓球競技では史上最年少15歳でメダリストに。18年度全日本卓球選手権大会女子史上初2年連続3冠。152センチ、45キロ。血液型O

ノートを書くことで、
自分の考えを言えるようになった。
「伝えられるようになると、
コーチも聞いてくれる。
それもあって、
コーチと私の関係が対等になったと思う」

スターツ提供

18歳の高校生（当時）が、卓球王国と称される中国のメディアから「日本から大魔王が舞い降りた」と称された。

スウェーデンオープン（２０１８年11月）女子シングルス。伊藤美誠（18＝スターツ）は準々決勝で劉詩ブン（27）、準決勝で16年リオデジャネイロ五輪女王の丁寧（28）を、続く決勝では世界ランキング1位の朱雨玲（23）を４－０と圧倒し優勝を飾った。

18年5月に開催された世界選手権団体戦を制した中国の主力3選手を連続で破っての快挙である。

卓越した技術とパワーを誇る中国勢は打つ球の回転量が膨大《ぼうだい》なため、彼らに勝つには回転量を増やすことが先決とされてきた。ところが、伊藤は相手の動きを読む力と一瞬のひらめきで、中国選手の壁をひらりと乗り越えて見せた。

伊藤の「魔力」を生み出した大きなツールは、松﨑太佑コーチ（34）とともに紡いだ「師弟ノート」だろう。

伊藤は幼稚園年中組のとき、松﨑が所属していた豊田町卓球スポーツ少年団（静岡県磐田市）に加入。小学4年くらいから同コーチと打ち合うようになった。

「松﨑コーチは卓球オタクで、動画を見るのが大好きなんです（笑）。私の試合だけじゃなくて、男子のも女子のも、国内も海外もいろんな大会の動画を見ていました」

伊藤が明かすように、松﨑は画像を見ながら、コーチングの参考になることや伊藤への指導のヒントをメモしていた。

対する伊藤は「小学生時代は自分のプレーができればそれで良かった」。だから、動画を見る習慣がまったくなかった。が、松﨑から「見たかったら、見れば？　みたいに、勝った試合は見て、負けた試合は見ないような流れになって」（伊藤）中学1年生から、ふたりで見る機会が増えた。

「勉強になるから見ろ」などと命じられたことはない。すべてにわたって伊藤の意向を尊重してくれるなかで、松﨑の影響を受けて取り組んだ数少ないことのひとつだった。

見る動画は、主に次の対戦相手の試合が多かった。

二人でそれを見ながら、互いに思ったことをポンポン言葉にしていった。相手の弱点や警戒しなくてはいけない得意技。それに対して、どんな策を講じるか、どんな練習をして準備するか。ワンプレーやツープレーを見ただけで、どんどん情報がたまる。

「ヤバい、ヤバい。書かないと忘れちゃうよ」

松﨑がノートを用意し、見開きの左ページにコーチが、右ページに伊藤が書くようにした。

「最初はコーチだけが書いていましたが、私も一緒に（動画を）見るようになって、なんとなく一緒に書くようになったんです。それぞれが感じたことをじゃんじゃん書いていった。相手がこうだから、これが通用するかも、とか。それだったら、こんな練習しようか？とか。練習メニューを組み立てる参考になった。大会のときには試合前にノートをみてもう一度頭に入れてから試合に入るようにした」

では、どんな動画を見るのかといえば、対戦する予定の選手に以前勝った試合、負けた試合のもの。それらを、編集しハイライトで見るのではなく、1試合通して見る。

なぜなら流れがわかるからだ。スポーツは、試合の流れを長くつかみ続けたほうが勝つ。流れが変わる潮目を映像で客観的に理解することは、次の戦いで役に立った。ノートに吸い上げた情報をもとに作戦を立てると、一度負けた相手にリベンジできた。

「以前は、負けた試合を見るのがすごく嫌いだった。悔しくて、悔しくて。負けた自分を見るのが嫌だった。（松﨑）コーチからも、負けた試合も見ろなんて指示されなかったし。でも、やっぱり必要かな〜って思ってみると、あらためて感じることがあったんです」

そんな様子を感じ取っていたのか、松﨑からも「試合のときに自分が感じたことと、負けてから動画を見返して感じることは違うものがあるよ」と言われたそうだ。そこから負けた試合も見るようになった。

「負けたときのほうが学ぶことは大きいと気づいたんです」

ノートに書けば、自分で考えられるようになる

誰しも勝ったときよりも、負けたときのほうが謙虚になれる。よって、伊藤も新たな学びを受け止められた。

「勝つ試合も見ますから。負けてばかりじゃないですし（笑）。どの場面でどう体を使えているとか、逆にちょっとここは違うねとか。そういうポイントみたいなものをノートにどんどん書いています」

では、綴ってきた行為は、伊藤にどんな効果をもたらしたのか。

それはズバリ「自分から考えられる」ようになったことだという。

「ノートに書けば、自分から考えるようになる。何も考えずに動画や他選手の試合をただ見ているのではなく、ノートに書くことが前提であれば、（書きつける）ポイントとかを考えるようになるんだと思う」

伊藤はまた「小学生までは、自分の言葉を持っていなかった」と話す。

「6年生まで、主なコーチはお母さんで、お母さんが恐かった（笑）。思っていることなんて言えなくて。でも、6年生の終わりくらいからお母さんが、少しずつ私の話を聞いてくれるようになった。そのあとに松﨑コーチがついてから、もっと意見を言えるように

なった」

ノートはのちに「対策ノート」と呼ばれるようになった。取材した2018年秋の時点で、伊藤が手にしていたのは79冊目。80冊目からは、伊藤がひとりで紡ぐことになる。

それは、リオ五輪開催期間に、伊藤が選手村、松﨑はスタッフ宿舎と物理的に離れ離れになったことに起因する。

「リオを境に、動画も別々に見るし、ノートも別々になっちゃいました」

動画を一緒に見る機会がなかったリオ五輪を機に、師弟ノートは新たな局面を迎えた。

「ノートを書き始めたときは、コーチと別のことを書いていたのに、最後は大体同じことを書くようになった。読み返すと、『あうんノート』みたいな感じで。最初は違っていたのに、思うことが一緒になったというか。だから、まあ、(やめても)いいか、みたいな」

リオを境に、ノートは別々になったものの、絆は深まっている。

「私的には、心も……なんですけど」と茶目っ気たっぷりに笑うが、そんなジョークを言えるのも松﨑と良い関係を築けているからこそだ。

ノートをつけていなかったら?

そんな質問に、伊藤は「自分で考えられる選手になれなかったかもしれない」と答えた後、こう言った。

「ノートもそうだけど、そもそも思ったことを口に出せない環境だと難しいですよね」

どんなものかと言えば、コーチと選手が対等でない環境だ。

「他の人はコーチと選手の間に差ができてしまいがちなのかなって思います。選手よりも、コーチが上？　みたいな。そうではなくて、平等だと思う。プレーしているのは選手ですよね。私は選手としての自分の気持ちをわかってほしいし、松﨑コーチもそれをわかってくれていると思います」

勇気を出して思っていることを話したのだろう。

「あ、なんかちょっと興奮したのか、熱い」と手のひらで顔をあおぎながら率直に話してくれた。

「そういうこと（対等な関係性の重要性）をわかってくれるコーチでないと、私のコーチはできないと思う。そのくらい私は扱いが難しいと思います。選手に意見されるのが嫌な方（指導者）もいますよね。でも、私は対等に意見しあえる関係でいたいので」

そして、続ける。

「そんな私を受け止めてくれて、プラスを生み出してくれる。幅を広げてくれる。選手の意見を大事にしてくれる。それが松﨑コーチ、かな」

女子選手は女子コーチのほうがいいという考え方もあるが、伊藤は「女子同士だと、お

伊藤が松崎コーチと書いてきたノート。中学1年からともに歩んできた師とともに、自分たちの卓球を追求してきた足跡が書き残されている。門外不出で中身は見せられないのが残念だが、情報管理の一環ともとらえられる。女子としては初めて2年連続で全3種目を連覇した全日本卓球選手権大会（2019年1月）より少し前の取材だったが、「(3種目初制覇の前回大会から）1年間があっという間でした。(連覇の）プレッシャーはありません」と笑顔で答えた。

互い気が強いと言葉がきつくなるって思ったりするけど、私は（男女どちらかというよりも）慣れのほうを優先したい」と話す。

コーチを替える選手も少なくないが、伊藤は「替えるのは好きじゃない」とハッキリ言う。

「他のコーチから新しいものを取り入れることはあっていいし、当然だと思う。でも、担当を替えるという選択肢は私にはありません」

練習後は多くの時間を割いて松崎と議論を重ねる。自分で感じたことは言葉を尽くして伝え、コミュニケーションをきちんととっている。

書くことでストレス発散も

ノートも継続している。コーチと書き始めたころは1ページで終わっていたが、今は3ページに及ぶこともある。書くポイントが増えたということは、理解度や卓球偏差値がアップした証だろう。

また、ノートを見返すことの利点はあるが、その賞味期限はわずか1年。例えば、前回対戦したときに書いた内容をみると参考にはなるが、それが1年以上遡ったものだとそうならない。なぜなら、卓球は進化するからだ。

「更新されるのがすごく速い。（ラケットやボールなどの）道具もよく変わるし、技術も変わってくる。だから、○○選手の1年前のプレーっていうのはまず見ません。半年前がリミットです」

スカウティング動画を見る場合は、なるべく直近のもので伊藤自身と同じタイプの対戦相手との試合にするという。戦いはまさに試合前から始まっているのだ。

一方、対策ノートとは別に、練習メニューを書いたり、その日の練習について書き込む「練習ノート」もある。

勝つための魔法が詰まったこれらのノート、実は伊藤に心の安定をもたらしてくれる。

「ノートには思ったことを全部書けます。（コーチや周囲に）言えないことはないけれど（笑）。書いてストレス発散をしています」

18歳にして自治力をもつ伊藤は、練習メニューの8割ほどを自分自身で組み立てる。

「一時は9割自分で考えたのですが、メニューが似てくるので、コーチからアドバイスをもらって変えている。そういう（練習メニューを考える）こともやらないと、試合のときに自分で考えられないと思うから」

練習ノートのポイントは、反省・復習・予習だ。練習試合をやって反省点が生まれたら、悪かったところをなぜそうなるのかを分析し復習する。それを確かめて、次の試合でまた試す。ノートはパソコンやアイパッドに移行することもある。松﨑がデータを蓄積している。

「それをコーチに言われる前に、自分でできるようにしたい。さっきはこうだったから、この練習お願いしますと説明できるようにしたい」

今後のひとつの課題は、ドライブの回転数を増やすこと。持ち前の予測力と豊かな引き出しに、技術の精度が加われば、東京五輪の金メダルはぐっと近づくはずだ。

よって、コーチは「回転、回転」と何度も言ってくる。

「もう、わかってるから言わないで！」

抗うと、「3回ミスしたら、また言うぞ」と執拗だ。

「もう、本当にしつこいんですよ〜」と頬をふくらませる笑顔に、大きな信頼を寄せていることが見てとれる。そして、深い感謝も。

中学で伊藤が静岡から大阪へと活動拠点を移す際、松﨑は発光ダイオード（LED）の検査装置を開発、特許も取得した。そんな優良企業勤務という職を辞してプロの指導者に転向してくれた。何の保証もないのに、自分の専属コーチになってくれたのだ。

「会社をやめてきてくれたんです。本当にびっくりしました」

師の覚悟に応えてきた矜持が、79冊に詰まっている。

感情省いて考える
外在化→言語化→発見

ノートを書くと、自分が取り組んでいる問題なりを「外在化」できます。外在化とは〝問題や課題を、その当事者の感情や人格の外にいったん取り出して置く〟ことを指します。

例えば、煮詰まってしまった悩みや、複雑な問題を抱えているとき「一度紙に書き出してみたら？」と勧められたことはありませんか。問題を文字にして紙に書き出すという作業を経ると、人はずいぶん冷静になれます。

（いやだ）（なぜできないんだろう）（私ってダメな人間）そんなネガティブな感情や人格との結びつきを取りはらうと「問題そのもの」が浮かんできます。

伊藤選手の場合、「ドライブの回転数を増やす」という課題をいったん自分の外に取り出して置くこと。回転数を増やすのは「自分」なので、まずは回転数が少ない自分を客観的に捉えなくてはいけません。

このようにノートに書いて問題を外在化させることは、解決のための重要な手段になります。

松﨑コーチが「試合のときに自分が感じたことと、負けてから動画を見返して感じることは違うものがある」と指摘しているように、感情を取り払えているので冷静になれる。ノートを書いて課題を外在化した伊藤選手は「あらためて感じるものがあった」と述べています。

このように感情や人格と切り離して考える習慣をつけると、行動も含めて自分を観察しコントロールしやすくなります。

「感情的にならずに問題にアプローチする」

このために人類に言語化という方法があると言ってもいいほど、重要なことなのです。

外在化することで、自分のフォームなどを客観視しやすくなります。そして、ノートに書くなどして外在化したものを素材にして、さらにまた新たな戦術やトレーニングメニューを考えることができます。

外在化→言語化→発見。そんな進化のループが生まれるわけです。

その逆で進化しないループは、言いたいことを感情にのせて伝えてしまうやり方です。人格批判でおしまいにする方法です。客観視もされず、整理もされていないため「根拠は説明できないけれど、ただダメだと思うからダメ」となってしまいます。

そうではなく「ここがこうだったから、こうなったよね。変えるためにはこうしてみよう」というふうに選手の脳が動いていく。それにはノートが役立ちます。

伊藤選手は松﨑コーチと一緒に4年近くノートを書いていました。同じ事象を目にしても、違う受け取り方になったことがあったでしょう。

「こうすれば？」と説明しても「こうだっけ？」

「いや、そうじゃなくて」と噛み砕いたり、違う角度からアプローチする。

それを繰り返すことで、コーチ自身も練習メニューの組み立てや改良に選手の意向を反映させられます。つまり、課題を選手とともに外在化させることで、自分の指導力が上がるわけです。

「俺のほうが正しいからそこに合わせろ」では、指導者も選手も成長は望めません。

そのことを十分に理解し、なおかつ実践できたコーチに恵まれているのですから、伊藤選手の躍進は当然とも言えるでしょう。

ノートを書くことで言語化する力がアップするので、自分の言葉を持てるようになったことも自然なことです。

前向きになれる「野望ノート」

朝比奈 沙羅

（パーク２４）

柔道

「すぐ諦められる夢なら粘れない。
でも、今はなぜうまくいかないのか？
と考えられる。
それができるのは、
私が二つの夢に
支えられて生きているから」

あさひな・さら

1996 年東京都出身。小学２年生でアテネ五輪柔道男子 100kg 超級決勝で鈴木桂治が優勝した試合に感動し、春日柔道クラブで競技開始。2015 年グランドスラム東京で７位に終わりリオ五輪出場は叶わなかった。2017 年９月に東海大学柔道部を卒部。翌年４月よりパーク２４へ。

朝比奈の野望ノート。「ひとりで海外旅行に行く」「ひとりで国内旅行に行く」などと1ページ、1野望を書き込み、実現できた日付と「済」の字を入れる。

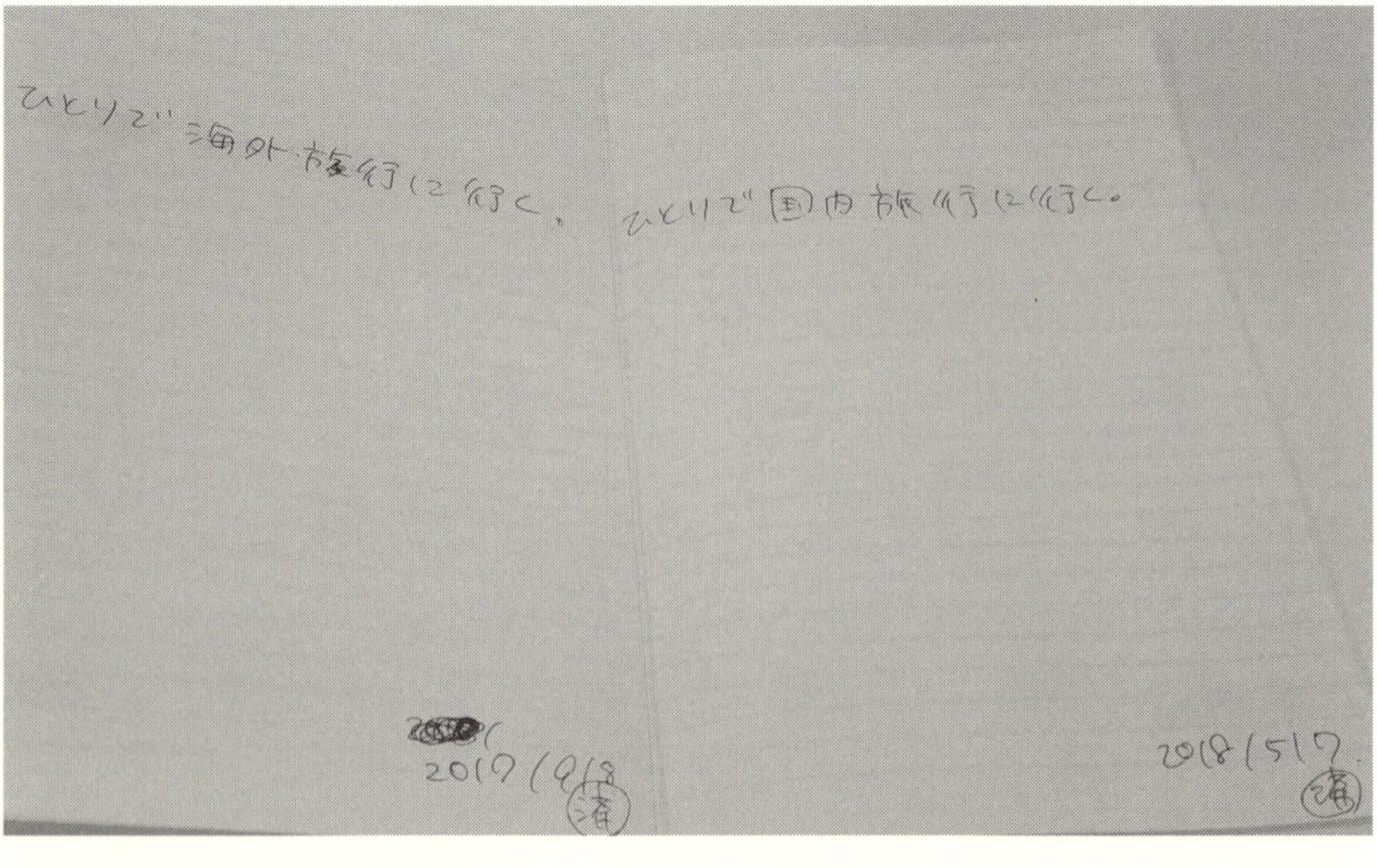

世界チャンピオンの野望が、かわいすぎる。
「ネイルする」
「中華街で食べ歩きする」
「ひとりで海外旅行に行く」
２０１８年にアゼルバイジャンで行われた世界柔道で女子78kg超級を制した朝比奈沙羅。彼女は、柔道の課題を整理したりスポーツ栄養など有益な情報を書きとめる「練習ノート」以外にもうひとつノートを持っている。

表紙にあるのは「野望ノート」。

１ページの真ん中に、たった一行。ただ、やりたいことを書きとめる。「○○したい」なんていう単なる希望ではない。「する」と断言する。どうすれば達成できるか、など、具体的なことは書かない。なぜなら、この時点では不要なのだ。

「楽しみを文字化して、見える化するんです。チョコっとだけ妄想もして（笑）。そうすると気分を切り替えられる。柔道を嫌になったり、人間関係などいろいろうまくいかないときに、やりたいことを書いています」

小さいときから劣等感が強く、自分を追い込んでしまうタイプだという。

「自分のことを認めてあげるっていうことがすごく苦手なんです。結果によらず自分を受け入れられるように、夢や楽しいことを考えられる場所が必要なんです」

野望ノートは大学1年から始めた。寮ではあるが、初めてのひとり暮らしで、高校生のころには出来なかったやりたいことがやれる。やり終えたら「済み」と書き込む。「運転免許を取る」や「パンケーキを食べに行く」といったたわいないことだが、「それだけでも、やり切った！って自信がつくんです」とほほ笑む。

柔道世界一なのに低い自己肯定感

見る限り、自己肯定感が低いとは信じがたい。

柔道でより強くなるために東海大学を選んだものの、アスリートの多くは体育学部に進むことが多いのに朝比奈の第一志望は医学部、第二志望は工学部、第三志望として体育学部を受験した。残念ながら第一、第二志望学部の合格には至らず、第三志望の体育学部へ通うことになる。3年生になった２０１７年9月には本格的な医学部受験に向け、勉強時間確保のため東海大学体育会柔道部を卒部。柔道選手としては初となる大学在籍中に、実業団パーク２４柔道部の所属となった。

そのうえ、22歳にして自分の未来や人生が、どうあるべきかまで考えているようだ。

「柔道家としてはもちろんなのですが、人としての価値を上げなきゃいけないと思うんです。今は柔道で結果を出せているから、練習する環境を与えてもらい、サポートも受けられます。でも、結果が出せなくなったとき、自分にどれだけの価値があるのか？　と問うと、今は何もないので」

「自分から○○を取ったら何も残らない」という人がいる。朝比奈は柔道以外での社会貢献を考えるなかで医学の道も志すという目標を立てた。

「柔道をやっているから勉強できないって、柔道を言い訳にしたくない。そうしちゃうと、〝柔道〟に失礼じゃないですか。ただ、周りに押し付けているわけじゃない。価値観がそれぞれ違うのは当然です。柔道の道からも充分、人格は磨けますから」

それでも、もっと人としての幅を広げたいと望む。そのために、柔道と勉強以外に、自らさまざまなことにチャレンジする。単身でモンゴルへ修行に赴き、モンゴル相撲の横綱らと草原で組み合っては体の使い方を学んだ。

自ら考え、様々なことにチャレンジしているのに、なぜ自分に自信がないのか。

医療従事者の両親のもとで育ち、幼少のころより社会貢献について常にいわれて育ってきたという。加えて、水泳、水球、バスケットボール、乗馬、そして柔道と、さまざまなスポーツをしてきた。欧米では10代で多種類のスポーツに親しむのがアスリート形成には

よいと言われており、理想的といえる。

朝比奈は偏差値70近い中高一貫の渋谷教育学園渋谷中学・高等学校（東京都）で学んだ。柔道で中学・高校日本一になるなどトップアスリートであったが、地に足をつけ、普通の学生生活を送ることを心がけ、高校3年で学級委員を務めるなど精力的に学校活動にも参加した。

それでも、偏差値70の学習レベルは高く、テストはいつも赤点だったという。渋谷教育学園渋谷は成績評定が、よくある5段階ではなく100段階評価。ある年の物理の成績は「8」だった。学校の学習レベルが高いとはいえ、朝比奈は「100点満点で8点って、結構メンタルやられる」とため息をついた。

「卒業は無理じゃないかと言われたけれど、おまえならできると応援してくれた担任の先生を喜ばせたくて勉強を頑張った」と明かす。

そもそも、朝比奈に限らず日本の若者は自己肯定感が低い。

国立青少年教育振興機構が2017年、米国や日本、中国、韓国の高校生計8840人を対象に「自分は価値のある人間だ」といった自己肯定感を調査したところ、日本だけが44・9％と低い水準に。その一方で、他国はすべて80％を超え、日本の若者の自尊感情の低さが浮き彫りになっている。

背景には偏差値教育や、プロセスよりも結果を重視する子育てを善しとしがちな環境がある。

五輪落選のショックを救った本

2016年。リオ五輪出場を逃した。

その直後に適応障害と思われる症状が出ていた。本人はその要因を「柔道とか、人間関係とか、いろいろ。詳しくは……」と多くを語らない。もともとの「自分はダメ」と感じてしまう性格に、ネガティブな結果が堪えきれなかったのか、夜もまったく眠れなくなったという。

そんなときに手にした本が、『心に火をつける言葉』（遠越段・著／総合法令出版）。


最高の名誉とは、失敗しないことではない。

失敗するたび、何度でも立ち上がることにある。

ラルフ・ワルド・エマーソン（思想家／アメリカ）

あなたの強さは、あなたの弱さを認めることから育つ。
ジークムント・フロイト（精神分析学者／オーストリア）

偉大なことを成し遂げる人は、いつも大胆な冒険者である。
モンテスキュー（哲学者／フランス）

こういった偉人、著名人の200の名言が、「行動」「情熱」「信念」「知恵」の四つのカテゴリーで構成されている。

「すべての言葉が私を救ってくれた」と朝比奈は感謝する。

実はこの本、アテネ・北京と五輪2大会で金メダリストになった谷本歩実が、「これ、私も読むんだ」と渡してくれた。

本の表紙裏には「夢に支えられる」の文字と自分のサインを、ペンでさらりと書いてくれた。

朝比奈が谷本に何かを打ち明けたわけでもないのに、どん底にいる状況や気持ちを察してくれたようだった。

この本をすべて読んだあとも、本棚に戻さずにずっと自分のそばに置いている。

「その日に開いたところを読むんです。開いたページを自分のモットーにして、その日一日を生きるようにしてます。特に今日はしんどいなとか、いろいろうまくいかないなと迷ったときにも読みます」

朝比奈は自分自身を俯瞰してみている人のようだ。だから、自分の弱さとそれに対して自分がどうあるべきかも考えている。

ところが、「こうあるべき感」が強すぎたり、そこに結果が伴わなくなると、朝比奈は自分自身が辛くなる。

だからこそ、自己肯定感を取り戻す野望ノートや、谷本が贈ってくれた、この本が必要なのだろう。例えば、朝比奈が単身モンゴルに修行に渡ったことは、本書にある「偉大なことを成し遂げる人は、いつも大胆な冒険者」という言葉を彷彿させる。

谷本から贈られた「夢に支えられる」

谷本が書いた「夢に支えられる」は、本のカバーを外さなくては見えないところに書かれている。すぐに見えないからこそいいのだと朝比奈は言う。偉大な先輩からの思いやり

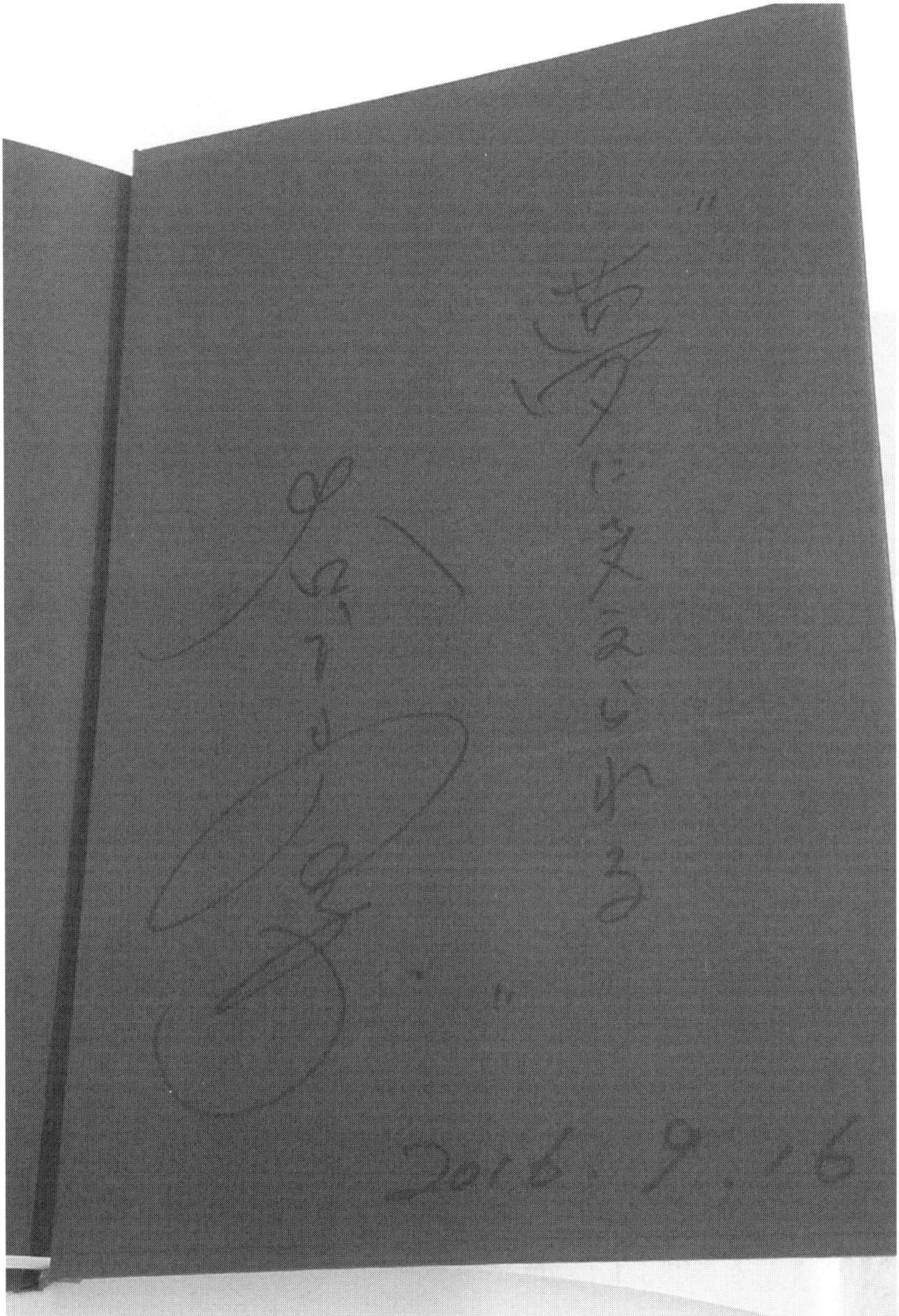

谷本が朝比奈に送った本『心に火をつける言葉』。谷本のサインと「夢に支えられる」の文字が朝比奈を勇気づける。

を自分しか知らないところにしまっておきたいのかもしれない。

「いろんな人に支えられてますよね。人間はひとりじゃ生きていけないし。自分で考えて生きていく力をつけることで、困難も乗り越えられると思っています」

夢に支えられる。

谷本から渡されたこの言葉を胸の中に折りたたんだ朝比奈の夢は、東京五輪での金メダル獲得と、医学部に合格して医師になることだ。

「二つとも、夢というより身近な目標になった。でも、目標を持つことで力をもらえるのかな」

頑張っているけどうまくいかなくて悩む。そんなことが多い。

「すぐ諦められる夢なら粘れないけれど、今はなぜうまくいかないのか?と考えられる。それができるのは、私自身がその二つ（の夢）に支えられて生きているからだと思います」

朝比奈いわく、「言葉で変われる、は、本当にある」。

「感情が言葉を超越することはありませんが、言葉によって感情が動かされることはありますよね。目標を持つと、うまくいかないこともあるから、人は追い込まれるじゃないですか。敵もいますよね。だから、いつもなにくそと反骨精神でいくんですよ」

大学生でありながら実業団の所属となったときは「だったら、大学もやめればいいじゃん」とSNSなどに投稿された。

2018年の世界柔道の代表に選ばれたときには、直前の大会で敗れた朝比奈を指して「負けたやつを選ぶな」とネットに書き込んだりする人もいた。

「戦うのは、ライバルの柔道選手だけじゃない。そういう中傷に負けないようにしたい」

そんな口惜しさを忘れないためにも「野望ノート」を活用する。

新たなアイデアを書き込み、また新たに野望を果たした「済み」という文字を書き、丸で囲む。

野望ノートには、柔道のことは書かないと決めている。「柔道とプライベートな内容を混ぜてしまうと切り替えができない」からだ。

だが、ひとつだけ関連項目を書いた。

「オリンピックチャンピオンになって本を出す」

これは、オリンピックチャンピオンになったあかつきには本を出すという主旨なので、「本を出す」ことがメインとなる。

「私は精神的に弱いし、いじめられた経験もある。生きづらい人たちの参考にしてもらえるといいなと思います」

金メダル。医師になる。本を出す。
朝比奈は自分の道を進む。夢に支えられて。

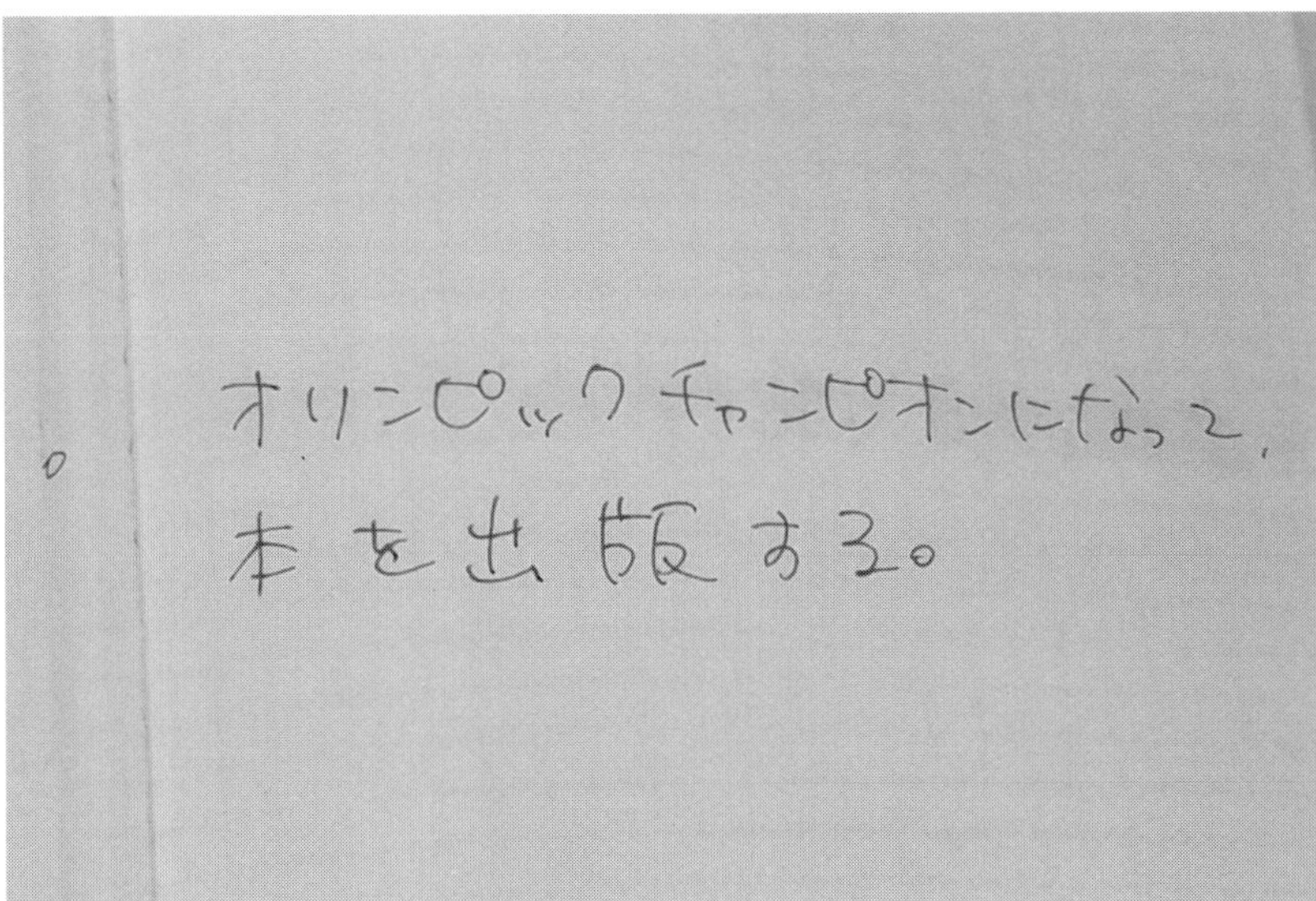

朝比奈は野望ノートに柔道のことは書かない方針だが、ここにたったひとつだけ。
「オリンピックチャンピオンになって、本を出版する」

落ち込んだら、前よりも「上」を向け

朝比奈沙羅さんは「野望ノート」も、自分がこうしたい、こうなりたいといった望みを書いています。

これは、ひとつのイメージトレーニングです。

「日本選手は本番になるとプレッシャーに負けてしまい、成績が悪くなる」とよく言われていました。そのため、ずいぶん前から、イメージトレーニングを行うようになりました。例えば「ゴールテープを切るイメージを持つ」とか「自分が最初から最後まで完ぺきに演技するイメージを持つ」みたいなものです。

このイメトレと同じ論理で、「前向きな気持ちをつくるためにどうするか」を考えた場合、前向きな自分をイメージして野望を書き留めることは有効です。

ノートを書いているときは、前向きになれます。これをしたいな、こうだと楽しいなと、「ポジティブな妄想《もうそう》」が広がるからです。しかも、それは妄想にとどまりません。朝比奈さんが書き連ねた野望は、その気になれば達成できる可能性が非常に高いものばかりです。かなりリアルに想像力をかきたてられます。

そのぶん、書いているときは「リアルがち」でワクワクできます。オリンピックでの金メダルや医学部受験といった、凡人にはハードルの高い「難しい目標」に立ち向かうなかで、真逆とも言えそうな楽しいハードルを越えていくことで、人生を前向きにとらえられます。


そして、何よりも、ノートを見るたびに「前向きになった自分」を思い出すことができる。この効果は大きいでしょう。

朝比奈さんは自己肯定感が低いとのことですが、ネガティブになる癖を治す方法をひとつお伝えしましょう。

ノートを書くことで自己反省したり、内省的になることは、物事を進めていくためには悪いことではありません。例えば、卓球の伊藤美誠さんは書くことで自分を高めています。

一方で、人は内省的になると不安が高まることもわかっています。特に、下を向いたままノートを書き続けていくと、脳科学的には不安が増すことがわかっています。

つまり、視線が下を向くという「物理学的なダウン」は、「心理的なダウン」を招くことが実証されています。

坂本九さんの歌『上を向いて歩こう』は歴史に残る国民ソングになりましたが、実は理にかなっているのです。上を見て思考すると、未来をポジティブに考えることができます。「初心忘れるべからず」とか「必勝」のような気持ちを盛り上げる張り紙は、当然のように目線より上に張られますね。

ラグビーやサッカーの試合で、苦しくなった選手が互いに「膝に手をつくな。下を向くな」と言い合っています。両手を頭の後ろに組んで上を向こうとします。これも人が自然に身につけたネガティブにならない知恵かもしれません。

落ち込んだら、「前」よりも「上」を向くことです。

脳内スピードを高めるノート

卓球

早田ひな（日本生命）

はやた・ひな

2000年福岡県生まれ。16～17年は膝痛で試合に出られない時期もあったが、17年11月スウェーデンオープンダブルスで伊藤美誠と組み世界ランク1、2位の中国ペアを下して優勝し注目される。166センチの大型サウスポー。ITTF世界ランキング最高位11位。19年1月現在45位。

「勉強のノートはきれいに書けるけど、
卓球ノートはきれいにまとめられない。
答えが簡単に見つからない。
まずは疑問や悩みを書き出し、
それから答えを見つけていった。
数日経って、あ、わかった！　みたいな」

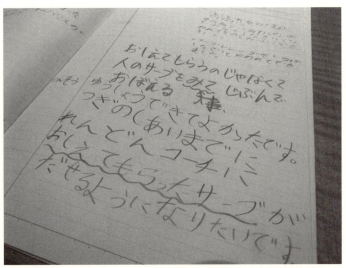

都内で取材に応じてくれた早田ひな（上）６歳のときに書いたもの。母の康恵が「振り返りになるから」と勧めた。以来、自分の意思で書き続けている。「小さいときは見せてくれたので、ノートを読むと成長が感じられ嬉しかった。今はもう見せてくれません（笑）」と母。

ゆうしょうできて　よかったです。つぎのしあいまでに　れ（ど）んどんコーチにおしえてもらったサーブを　だせるようになりたい（原文ママ）

鉛筆書きのかわいらしい文字。早田ひなが小学1年生、6歳のときに書いた「たっきゅうノート」に綴られたものだ。ここから12年。積み上げられた20冊が、世界へはばたく翼をつくった。

2018年シーズン、早田はひとつの大きな成果を出した。

卓球のワールドツアー年間王者を決める12月のグランドファイナルは、伊藤美誠と組んだ女子ダブルスで初優勝。明けて1月の全日本総合では伊藤とのダブルスで2連覇を成し遂げたほか、シングルスで世界ランキング3位の石川佳純を下した。準決勝で、最終的に優勝した伊藤に敗れたものの、1年後に決まる日本代表入りへ猛アピールした。

早田は「（自国開催である）東京五輪は特別な思いがある。なんとしても出場して金メダルを獲りたいです」と意気込む。

そのために1年間で取り組むのは「判断スピードを上げること」だと言う。

例えばサーブに入るときは数秒で戦術を組み立てなくてはならない。どのサーブにするか、そのサーブで相手がどう反応してくるか。まるで将棋のように数手先まで瞬時に頭に描くのだ。

卓球の一般的な大会の場合、サーバーがサーブを出す前にボールを何度もついたりしてなかなかサービスの動作に入らなかったり、レシーバーが構えに入らない場合は「故意の遅延行為」とみなされ注意される。繰り返されるとペナルティーが与えられる。

18年に始まったTリーグでは、主審が得点をコールしてから20秒以内にサービスを開始しなければ反則になる「20秒バイオレーション」が適用された。テニスの25秒と同様のものだ。

「卓球は百メートル走をしながらチェスをするようなものだ」

世界選手権で12個の金メダルを獲得し日本卓球の礎を築いた故荻村伊智朗がこの言葉を遺《のこ》したように、卓球は瞬時に戦術を考えて判断しなくてはならない。

「接戦になるとアイデアが浮かんでこなかったり、ひとつのことにとらわれて考え込んでいるうちに（試合が）終わってしまう。頭のなかにアイデアの引き出しを増やして、浮かんだものを決断して実行する勇気をもたなくちゃって思っています」

悩みを吐き出すノート

引き出しと勇気。前者の「アイデアの引き出し」を、早田はノートに整理してきた。

まずは、自分の頭の中にある疑問や悩みをただただ吐き出す。

「ノートにがむしゃらに書くんです。できないこと、わからないこと、迷っていること。技術的なことも、メンタル的なことも、その日の試合や練習を振り返って全部いっしょくたに頭に浮かんだことから書いていきます」

例えば、ノートにはまず黒ボールペンで疑問が並べられる。

——下回転ループやドライブに対してのF（※フォア）カウンターは、前で早く打点捉えて回転を利用するのか。少し足を下げて半拉するのか。

すべてではないが、黒ボールペンの書き込みの下には赤ボールペンで答えらしきものが記入されている。

——両足をさげる時間はない。右手と左手がクロスしそうなぐらいに小さくならないこと。面を開いて、回転を利用する——。

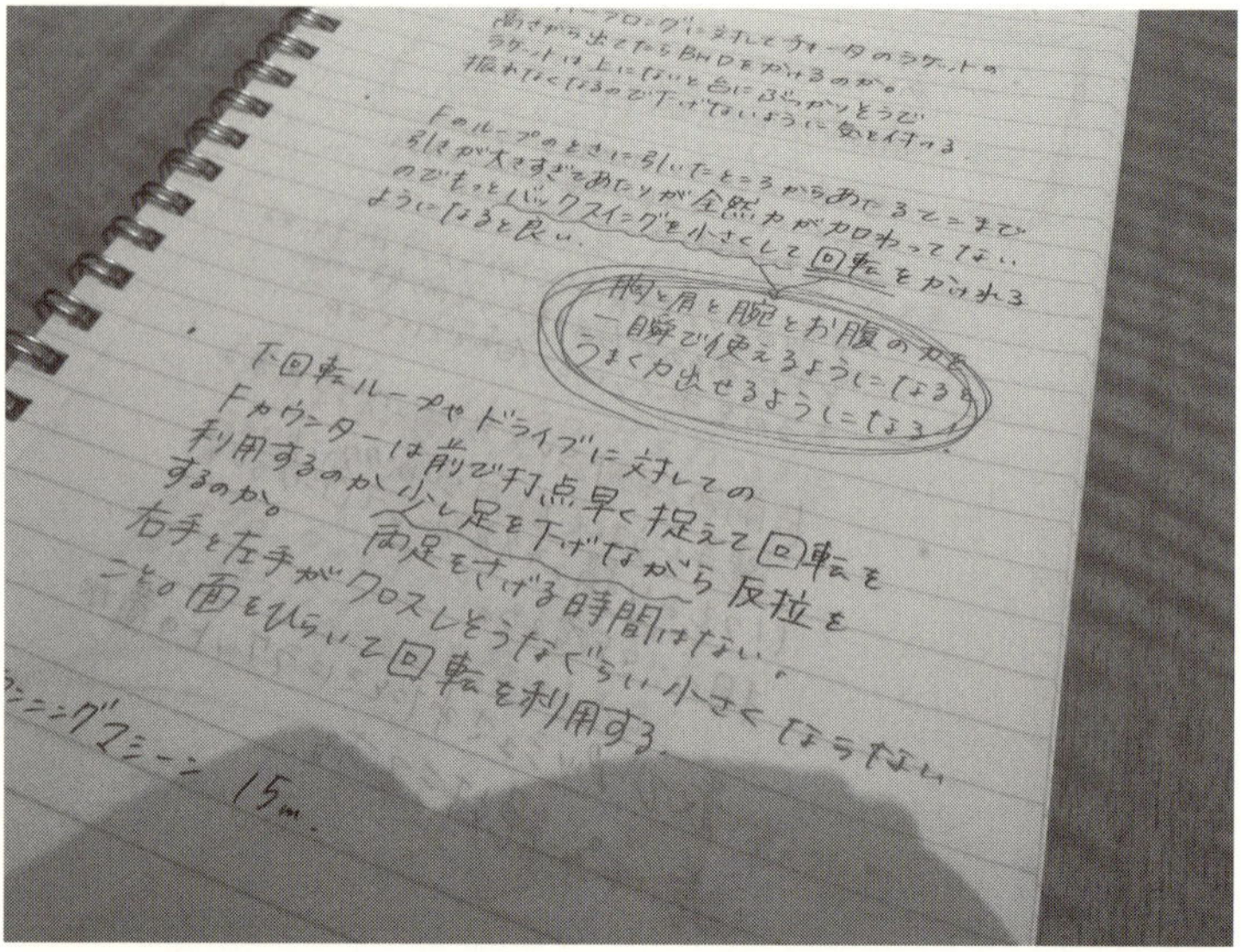

早田のノート。課題や解決法を書き込んでいくが、見返した際にさらにアイデアがあるときは書き足すこともある。徐々に多くの答えを見出していくプロセスがわかる（下）練習方法と注意事項を整理したもの。理想のフォームと自身とのズレを細かく書いている。

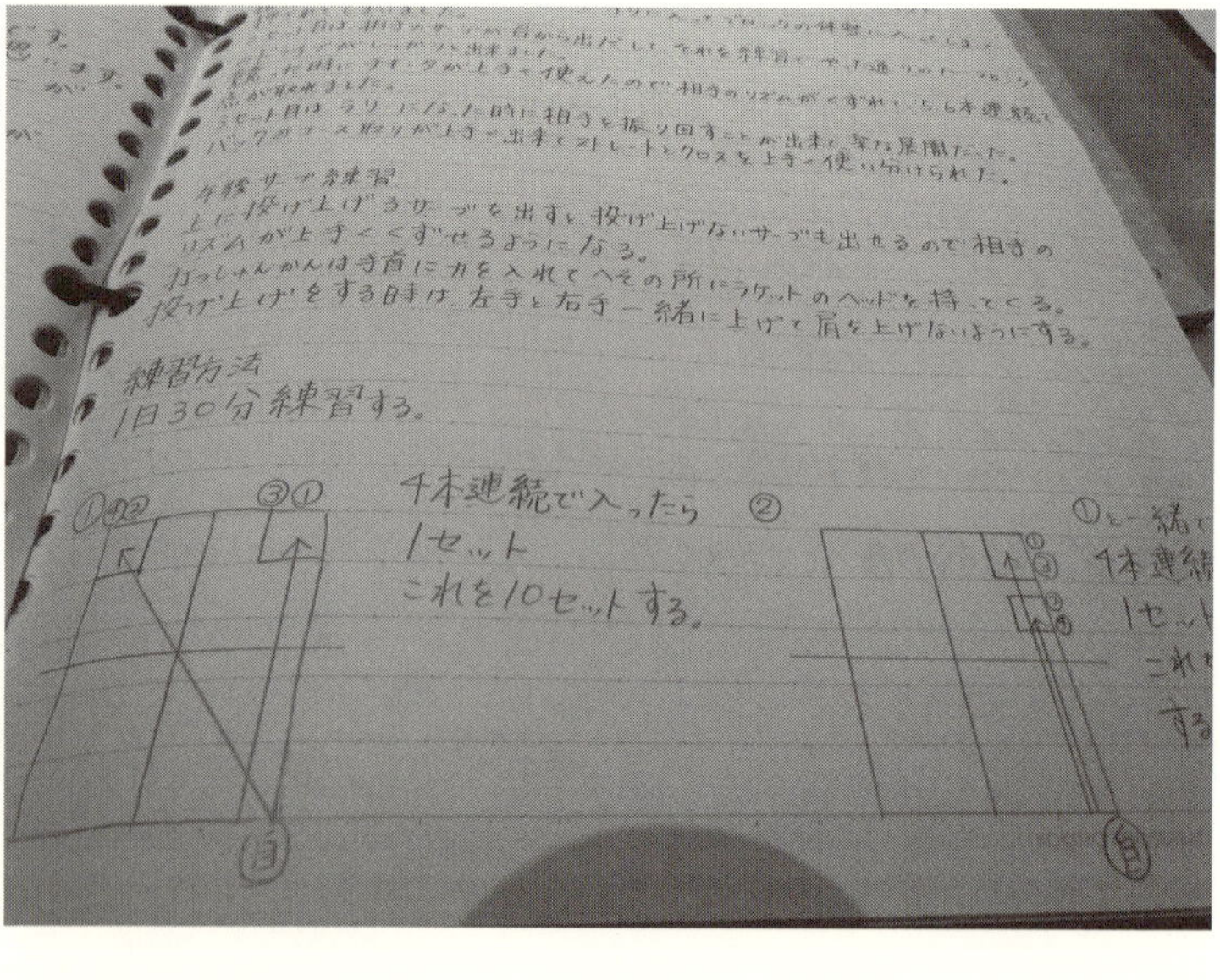

早田を小学生からみてきたコーチの石田大輔は、早田のノートを「吐き出すノート」だと言う。

「ひなは必要以上に考え込んでしまうタイプ。なので、自分の頭の中にある疑問や悩みをいったんノートには吐き出してみて、それを客観視して解決しようとしています。黒色が課題、赤がその時点での答えとして書かれている。考えたことは言葉で表現するわけなので、言語能力は重要。それをノートで養ってきたんでしょう」

そう分析する石田によると、早田は中学1年生くらいのころ、「わかりません」を連発していた。

石田「いま右足下がったよね?」
ひな「わかりません」
石田「集中してないよ」
ひな「わかりません」
石田「声出てないよ」
ひな「わかりません」

思春期にありがちな不器用な自己表現だったのかもしれないが、石田は、この「わかりません」に手を焼いた。

しかし、後に石田は、リオ五輪で競泳日本代表の監督を務めた平井伯昌《のりまさ》が自分と似たような体験をしていたと聞く。

平井が女子選手に「いまどうなの?」と尋ねると、「わかりません」と発することが多いと言うのだ。

「今の子独特のリアクションなんでしょうか。相手が望んでいる回答でなかったらどうしようと不安になるのか。わかりませんと言えば、すぐに大人から教えてもらえるからなのでしょうか」

答えは出なかったが、石田は「わかりません」と言われても、問いかけ続けた。

「この取材で初めて(早田の)これまでのノートを見たのですが、訓練してきたんだなあとビックリしました。あんなに『わかりません』を連発して、人任せに見えたのに、自分で考えて答えを見つけ始めているのですから」

コーチにおしえてもらったサーブを　だせるようになりたい

そう書いて、卓球クラブで「おしえてもらうのではなくて、人のサーブをみてじぶんでおぼえる」と赤字で二重線をひかれた1冊目のファーストノート。

「勉強のノートはきれいに書いていました。きれいにまとめれば達成感もあるし。でも、卓球ではきれいにまとめられないんです。答えがなかなか見つからない。だったら、まずは疑問や悩みを書き出して、それから答えを見つけていこうって思ったんです。すぐ見つかるときもあれば、数日経ってから、あ、わかった！　って気づいて書き込んだりしました」

早田なりに思考錯誤を重ねたことがよくわかる。コーチや親に見せる前提で「いいことを書こう」とか「ちゃんとやってるね」とほめられようと、そつなくきれいにまとめようなどと思ったことは一度もない。その時々の自分の疑問に率直に向き合ってきた。

わかったつもりにならない「究極の自問自答」。

そのおかげで、少しずつ自分で考えられるようになり、その思考はコーチを驚かせるまでになったのだ。そう。ノートは成長する。そして、その成長は本人の進化に比例する。

脳内スピードを高めろ

話は変わるが、2019年1月にテニスの全豪オープンで日本人初の優勝を飾った大坂なおみは、主審のコールからサービスを打つポイント間の25秒間で気持ちを立て直せたことが勝利につながったとされる。

大坂の「25秒の切り替え力」は、きっと早田にも必要だ。そして、長さがわずか2メートル74センチの卓球台を挟んで相手と向き合う卓球では、ポイント間はわずか10秒前後。相手の息遣いさえ耳に届くヒリヒリするような空間で、より脳内スピードを高めなくてはならない。

「そのためには、思考するための言語を、より短く、コンパクトにすること。そして、要約する力が求められる」

そう話す石田は練習中、早田が質問に答えると「もっと短く、コンパクトに言ってみて」とハードルを高くする。その代わり、自身も早田に説明するときは短く整理して話す。

これは、日本代表の合宿でも続く。

「で？　どうすればいい？」

「もっと短く！」

女子代表監督の馬場美香は、そうやって早田にどんどん質問してくるという。

「私が難しく考えるタイプだと知っているんだと思います。馬場さんもシンプルに説明してくれますから。試合しているときパニックになりやすいと、わかっているんでしょう。自分でもそう思うから。他人の試合だと、さっきこうだったからここにサーブ出してくるなってわかるんだけど」

自分が実際にやっているときは、なかなかそこまで読み切る余裕がない。そんなとき、馬場は「今、ここ狙われているよ」「ここ効いてるよ」と的確に伝えてくれる。

男子は予測する能力に加えてパワーが勝負を分けるが、女子は球筋の「読み合い」の比重が高い。

「女子のほうはこうくるから、こういう準備をしておこうという読み合いが重要なんです。読み合いで相手に勝るには、自分で考える力、そして、それをつかさどる言語能力の鍛錬は欠かせません」と石田。

早田に戦術の引き出しがないわけではない。男子顔負けの力強いフォア。バックハンドで強く回転をかけるチキータレシーブ。チキータに限らずバックハンド技術は「この1年間で驚くほど上達した」と全日本総合を解説した宮﨑義仁強化本部長を唸らせた。

可能性があるからこそ、あとは脳内スピードを上げることなど「目に見えないスキル」をつけていくことがランキングアップにもつながるのだ。

自問自答に加え、もうひとつのノートの特徴は「オノマトペ」だ。

調子が良かったときのプレーをすぐに思い出せるよう、打ったボールのリズムや音をノートに書いておく。

「シュッと」「バシッと」「たんたたん、と」「ギュッとひねる」「ここでドンと」

そのときの感覚がよみがえるのだという。

「イメージが短い言葉で頭に浮かぶように、石田コーチとボールに名前をつけたりしました」

いいドライブ出たときに練習場でかかっていた曲が、大塚愛の『さくらんぼ』だったので「さくらんぼドライブ」。ドイツで生み出したので「ドイツフリック」など、たくさんある。

ノートは寝る前に書くことが多い。睡眠中に書いた内容が脳に定着されるため、最良のタイミングといえるだろう。

小学生の早田が寝た後、母の康恵はノートをそっと開いて読んでいた。日本のトップ選手では恐らく珍しい「一切卓球経験がない母親」だ。

「卓球は素人でまったくわからないので、ノートを見ていました。どのくらいレッスンの内容がわかっているんだろう。自分のなかに吸収しているのかなと思って、見たことはあります」

思春期の中学生くらいになると部屋には入れないので、居間に置かれた鞄から引っ張り出して見たことも。

「びっしり書いてあって、私たち親の理解をはるかに超えた内容でした。ノートが成長したよと言ってるような気がしました。それからはもう見ていません」

康恵によると、早田は内弁慶。

小学6年生のとき強豪中学から誘われたが「お父さんもお母さんも口出しをしないで。私は自分が卓球をやりたいって思うところを選びたい」と言われた。

「自己主張がハッキリしている子。決して親の思う通りにはなりません。他人と意見が違っても、自分の考えを貫く。他人に流されません」

卓球部への加入を打診してきた学校からは「海外の試合に出るチャンスが多くなる」と言われたが、12歳の早田は「もっとしっかり練習したいから」と、地元の石田卓球クラブに残ることを決めた。

同クラブ経営者の長男が、現在のコーチである石田。そして、「おしえてもらうのではなくて、人のサーブをみてじぶんでおぼえる」と赤字で書いたのは、石田の母である。

18歳の早田は、20歳で迎える2020東京五輪のみならず、24年パリ、28年ロサンゼルス大会へと世界に挑むチャンスは続く。

「10秒の切り替え力」は、いつの日か彼女の武器になるかもしれない。

書いてスキルアップ
記憶整理と定着に効く

アスリートのノートには、大きな効能が二つあります。

ノートを書くとき、その日の練習を振り返っています。早田さんであれば、その日のコーチとのラリー、ドライブやサーブなど球を打ったときの感触や飛んだコースをイメージします。体をどうひねったとか、ラケットをどんなふうに振ったか。

そういったことを書いているときの脳活動を調べると、実際に卓球をしているとき以上に脳活動が現われることがあります。体の動きの指令を出す前運動野や運動野などが、競技中以上に活発になることがわかっています。

つまり、書いているだけで、スキルアップのトレーニングになってしまう。やり続けるとスキルの組み立てが頭の中に構築されるので、試合本番のときにその都度適していると思われるショットをスッと考えつくことができます。よくいわれる「ひらめき」につながるものです。

伊藤美誠さんも同じだと思いますが、実際のスキルトレーニングと同じくらい効果のある「イメージトレーニング」になります。

二つ目は、ただ考えて終わるより、書いたことが頭に残りやすいことです。早田さんのようにノートを書くのは就寝前が多いようです。人は、眠っている間に記憶が定着することが多くの研究で証明されています。

ノートは、記憶の「整理と定着」に効くわけです。

加えて、早田さんのようにノートを見返す人は「初心に還るノート」でもあるでしょう。「こういう課題があったとき、あんなプロセスを踏んでやっていったら成長することができた」

「あのボールを打てるようになった」

「あの選手に対応できるようになった」

そんなふうに体験レベルのステップアップを自分で見直すことができます。惜しむらくは、時系列で綴るノートなので、パソコンのように「文字検索」ができないのが残念なところでしょうか。ご自分で概ねいつくらいに起きたかはわかっていると思うので探すのはそんなに大変ではないかもしれませんが。

加えて、頑張った歴史が詳細に自分の文字で書かれています。これは「あのとき乗り越えられたのだから、今度も大丈夫」という自己肯定感を上げるメッセージにもなります。

悩みや疑問に自分なりの回答をつける「自問自答」は良いことです。ただし、「こうする」「こっちがいい」といった結論だけでなく、できればソリューション（解決方法）を詳細に書くこと。

こう考えて、こうやってみる。こんな練習をしてみるというように、具体的に書くことでさらに成長できるでしょう。

「アスリートのインテリジェンスは自立だ」

ガレス・ジョーンズ

ゴルフ

（日本ゴルフ協会ナショナルチームヘッドコーチ）

「自分のショットには責任を持て」
「選手の人生は彼らの旅であって、
私の旅ではない」
プロフェッショナルと、成長志向。
二つのマインドセットが、
日本のゴルフを進化させる。

がれす・じょーんず

1971年英国生まれ。95年よりツアー選手として活躍した後、オーストラリア国立スポーツ研究所などを経て、同国ナショナルチームコーチなどを歴任。2015年10月から現職。世界基準の強化プログラムと育成論に定評がある。JGAナショナルチームメンバーなどアマチュア選手はもちろん、卒業した畑岡奈紗らプロ選手もサポートする。

日本ゴルフ連盟で取材に応じたガレス・ジョーンズ氏

彼から教えを受けた選手たちは皆、こう言って深い尊敬を滲ませる。

「もっと早くガレスに会いたかったよ」

2015年にJGA（日本ゴルフ協会）ナショナルチームのヘッドコーチに就任したガレス・ジョーンズ（47）。2014年に日本（軽井沢）で52年ぶりに開催された世界アマチュア選手権で、日本が男子29位タイ、女子8位と低調に終わったことを懸念したJGAから招へいされた。一時期低迷した豪ナショナルチームを復活させた手腕を評価され、豪日両国の育成に心血を注ぐ。

ガレスの就任以来、女子では畑岡奈紗（19＝森ビル）が16、17年と日本女子オープンを連覇。男子も金谷拓実（20＝東北福祉大学）が17年に日本オープンで2位に入るなど、ナショナルチームに所属するガレスの教え子たちは目覚ましい活躍を見せている。特に、畑岡は18年の米ツアーで日本人選手史上最年少Vを含む2勝を挙げるなど、成長著しい。

躍進のバネとなったガレスは、10代のアスリートには二つのマインドセット（心構え）が必須だと話す。

そのひとつが、プロフェッショナル・マインドセットだ。

「アスリートでいることを楽しみ、アスリートである自分を愛する。自分の競技を愛する。それがプロフェッショナル。私は選手たちにそうなってほしい。自分のこころの真ん中にそのような軸があれば、負けそうになったり、難しい場面に直面したときに、怒ったり、いらだつのではなく、難しいことを受け入れられます」

プロは準備と計画がすべて

やっているスポーツを愛しているからこそ投げ出さない。あきらめないというわけだ。

「これはハードだ。さて、どうしようか。例えばそんなふうに受け入れられたら、解決方法を考えることができます」

そう話すガレスは、こうも言う。

「思えば、スポーツは人生そのもの。そうとらえられる選手は、競技人生を長く豊かにできるでしょう」

さらに「プロは準備と計画がすべてだ」と強調するガレスが見せてくれたのが、ナショナルチーム選手のヤーデージブックだ。選手はコースの詳細が記載されたヤーデージブックに練習ラウンドで自分の作戦を書き込んでおく。試合の準備を支える大きなツールだという。

卓球の伊藤美誠も相手の癖や弱点、有効な戦術を綴ったスカウティングノートを準備し

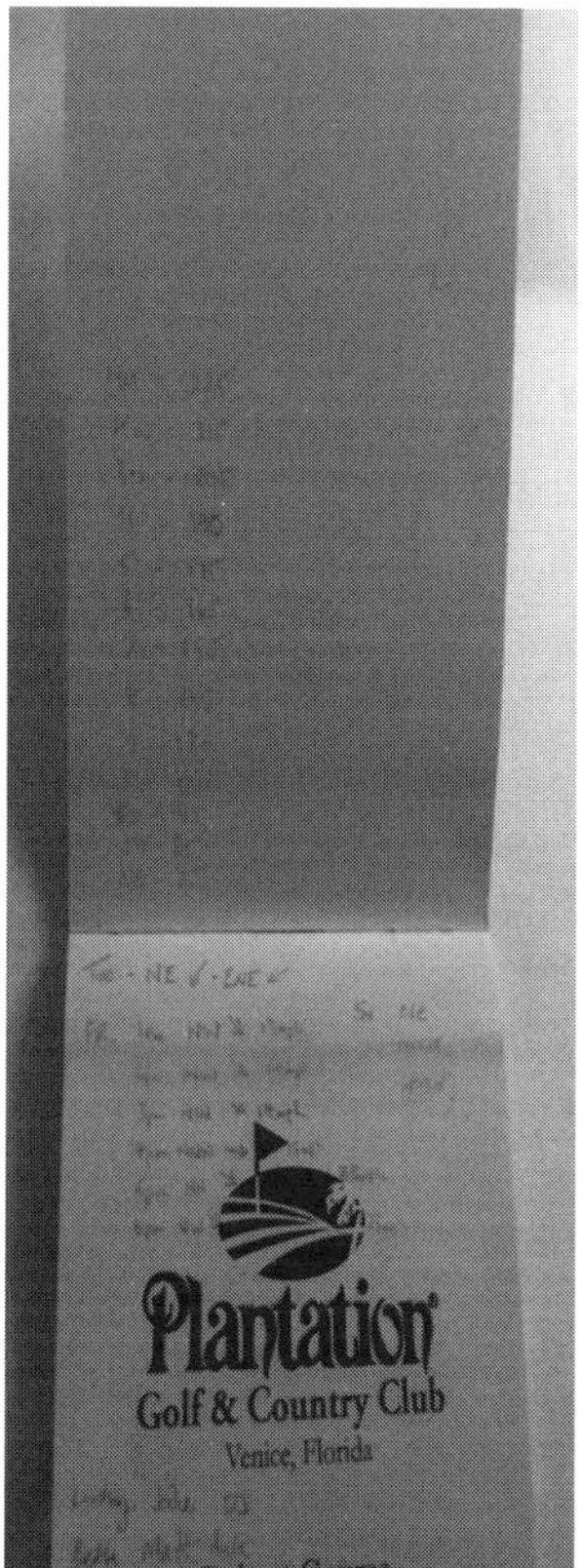

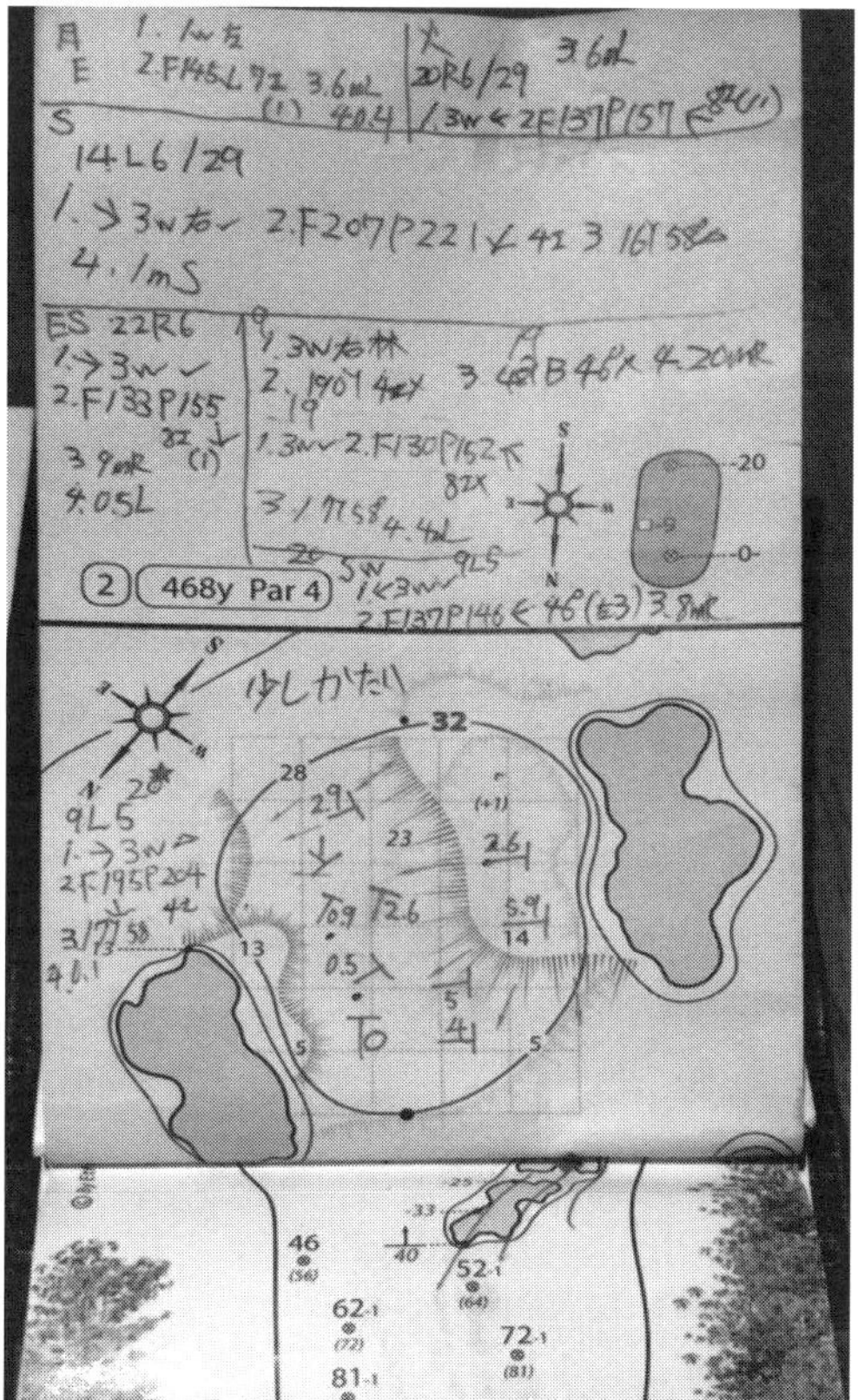

女子選手の公式ツアーの前日に、ガレスがポイントを書き込んだメモ（左）。ナショナルチームの男子選手が試合の際に記入したヤーデージブック（右）。ここにグリーンの情報がすべて詰まっている。

ていた。伊藤が戦うのは人間だが、ゴルファーが攻略すべき相手はコースであり、風、気温といった自然である。

ヤーデージブックには、グリーン上で想定されるピンの位置や傾斜の状態や「ゼロライン」を書き込んでいく。ゼロラインとは、ピンの位置へと伸びる真っ直ぐな上りラインだ。それがどこなのかを書き込んでおけば、アプローチにも役に立つ。

ガレスは選手に「練習ラウンドでショットを打つ回数が減ってもいいから、その作業を優先させるように」と指導する。なぜならコース攻略のベーシックな方法は、グリーンから逆算して最後にどれだけイージーなパットでフィニッシュできるかである。そのためにできうる限りのグリーン情報を収集し、試合の準備をしていくのだ。

「ヤーデージブックはゴルフの道具として、クラブよりも大事なものです。ここにその日の予想される天候や、戦略を書き込む。すべて憶えていくのは無理なので、その準備をしてコースに持ち込みます」

実際にコースに行ったりゴルフ中継を見るとわかるが、選手のスラックスのポケットなどに挟まれていることもある。当日はそこにどのクラブを使ったのかなども含めて、一打ごとの情報を書き込んでいく。つまり、ヤーデージブックは試合後の分析作業にも役立つ。

きちんと準備して情報収集をした選手は試合後、メディアのインタビューにあそこは◯ヤードを◯番のクラブで打ってこんな選択をしたなどとスムーズに答えられる。

「エリートになっていく過程で、しっかり自信を持って答えを出せるマインドセットを整えなくてはいけません。その大きなツールがヤーデージブックです」とガレスは言い切る。

「試合本番ではゴルフコースが、選手に問いかけてくる。さあ、ここをどう乗り切りますか？　と。そして、乗り切るハードルが高ければ高いほど、人格というか、人生そのものが問われているのと同じです」

その問いに対し選手たちができることは、準備と計画しかない。

――最悪を想定して準備する。

この言葉を、ガレスは大切にしているという。

「ベストの準備が、ベストの結果を生むのです」

ネガティブを受け入れる畑岡の強さ

ガレスの言うプロフェッショナル・マインドセットをもつ若手の代表が畑岡だ。ナショナルチームを率いて2年目の16年から17年にかけて、ガレスは米女子ツアーに出るための予選会（米国女子ツアーファイナルQT）など、高校3年生でプロになったばかりの畑岡のキャディを数試合務めている。

予選会は14位タイ（通算5アンダー）でフィニッシュし、日本人選手史上最年少の17歳で2017年度米国女子ツアー出場権を獲得。続く17年2月の豪州女子オープンも畑岡のゴルフバッグを担いだ。

「戦略的なことを彼女と一緒に考えることでパフォーマンスを高めたかった。同時に、彼女がコースの中と外でどんなふうにふるまうかを観察していました」

畑岡は18歳になったばかりだったが、他の18歳の日本選手よりも成熟していたという。

「世界で活躍できる選手になりたいというモチベーションが、他の選手よりもずっと高かった」

そう振り返るガレスは、米国予選会のハードなコースでストレスを募らせる畑岡とぶつかったことがある。

3ラウンドを終わって畑岡がリードしていた。ところが、4ラウンド目の真ん中あたりでショットが悪くなりボギーが出始めたときに、コースをどう攻略するかで言い合いになった。

「空気は最悪で、彼女も私と少し距離を置くようになって、あまり話さなくなった」

ゴルフはメンタルのスポーツといわれる。コースに入ったら1ショットを40秒で打たなければならない。そのなかで自分の意思でどう打つかを決断し、心を整えボールに向かう。ミスが混めばさらに追い詰められる。

そのうえ、プロ1年目は、予選ラウンドで、スタートが早朝や最終組になることも少ない。有名プロのようにギャラリーの注目を集める時間帯になることは、ほぼない。決勝ラウンドは、順位によってスタート時間が決まるものの、厳しい米国女子ツアーでルーキーイヤーから常に上位でプレーは出来ず、十分な調整が出来る環境を確保することは難しい。

ガレスは悪条件下のなかで戦う畑岡の気持ちを聴いて、リラックスさせることに徹した。成績の条件を挙げて「もし達成できたら、僕は大嫌いなバナナを食べるよ！」と楽しい賭けもした。

「重要なのは、学び続ける姿勢を持ち続けること。悪いファクターも受け入れる心をつくること。ナサはすぐにそれを理解してくれた」

ネガティブなことを引きずらず、切り替える。プロフェッショナルなマインドセットを、日本の新女王はすぐに身につけた。ガレスがバナナを食べさせられる回数が増えた。

オプションを提示し「あなたはどうしますか？」

育成年代から必要なふたつめは、成長志向のマインドセットだ。英語で「グロース・マインドセット」と表現される。

例えば、ＪＧＡナショナルチームは、年に3〜4回の合宿を行い、いくつかのトーナメントに参加する。ガレスらコーチ陣やスタッフは、ともに食事を摂り、練習やトレーニングジムに同行する。

「私のチームは、サポートする大人たちの思いが、選手が出す結果には左右されない。サポートの手厚さも同様です。そして、選手たちも、敗れた仲間をサポートする文化をつくっている。それがすなわち、成長志向のマインドセットです」

さらにガレスは「ゴルフのテクニックなどは実は瑣末なことだ」と言い切る。最も大事なのは「オフコース」。コース外の態度が大事だと選手たちに伝えている。

他人とのコミュニケーションやかかわり。特に自分の意見と違うことを言われた場合、どうやってそれを受け入れていくのか。外国で、トレーニングや試合に向けての準備をどうやっていくのか。異なる文化、異なる習慣のなかで、どうやって「異質」を受け入れていくのか。それらすべてが学びであり、成長になる。

「成長志向のマインドを持ってやっていこうと選手には話している。多面的であること。オープンであること。こちらからは何かをやれと指示するのではなく、あくまでオプションを提示します」

そう説明するガレスは、常に「あなたはどうしますか？」と選手に意見を求める。「わかったら、はいと返事しろ」と日本のコーチは言いがちだが、ガレスは「自分の意見を言って。意見でなく質問でもいい。それは違う気がすると反対意見もどんどん受け付ける」と伝える。子どもたちが自分で考えること、意思を表明することを期待する。

実は18年シーズン、ガレスは指導者として、ひとつミスをしたことを打ち明けてくれた。内容はこうだ。コーチとして、いつもと違うことを言ってしまった。（以前言ったことと違う）と違和感を覚えたはずだが、選手たちはそれを伝えてくれなかった。2～3カ月経って、ひとりの選手が「おかしいのでは？」と意見してくれた。

「行き違いをわびることができた。私も人間なのでミスをする。正直であるべきで、飾ったりごまかしてはいけない」

「Misstakes are just larnning」（失敗は学びだ）と言ったあとの、ガレスの言葉が深かった。

「I am just a part of team」

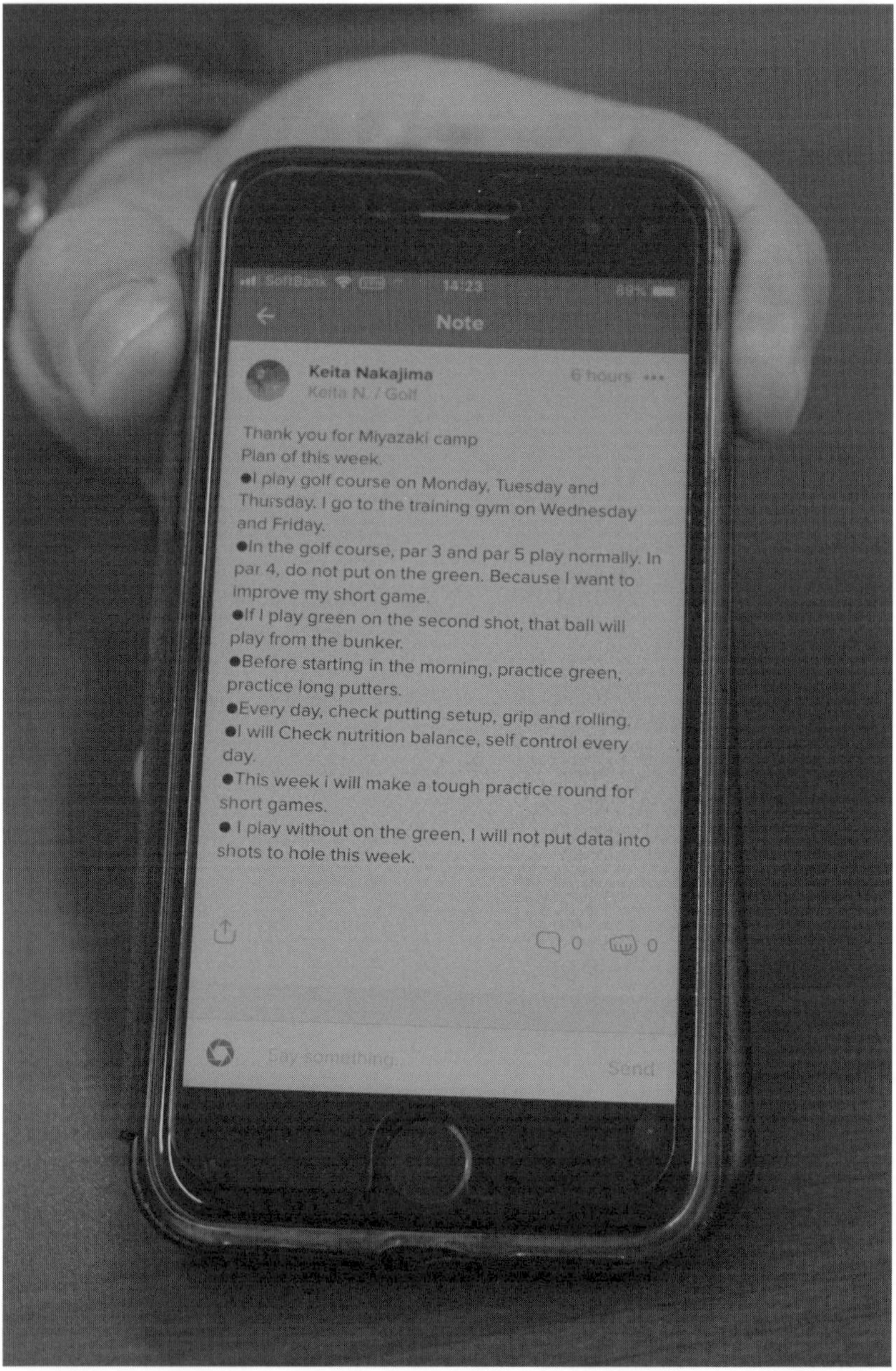

ナショナルチームの選手から、ガレスのスマートフォンに日々送られてくる近況報告

これは「私は（コーチだけれど）チームの一部に過ぎない」という意味だろう。

「コーチの言うことが絶対だと思わないでほしい」

「君たちとは対等だ」

そんなメッセージを送り続けることで、選手の成長志向を促している。そうやって選手がアイデアをぶつけ、それを確認できるリトマス紙のような役目を果たす。それがコーチだと心得ているのだ。

「意見を言ってもらうことで、私も選手の気持ちや考えを理解できる。だから、大人の言うことを聞くだけのロボットのようにはならないでほしい。文句の言い合いではなく、議論ができる人間になって、意見を持つことで自分に自信を持ってほしい。ひいてはそれが他の選手にもよい影響を及ぼすのですから」

合宿や試合を終え日本を離れても、ガレスとナショナルチームの選手たちはＳＮＳで繋がっている。ライン、ツイッター、フェイスブック、インスタグラム。

「これらは現代における日記帳みたいなもの。スイングの動画や練習メニューや日々の状態をみんな送ってくる。ですから、日本にいなくてもアドバイスは送れる。ナサからもくるので、彼女の状態も継続的にチェックしています」

畑岡は2019年、米参戦3季目の目標に77年の樋口久子・現LPGA（日本女子ゴルフ協会）相談役以来、史上2人目となるメジャー制覇を掲げている。

その樋口は、戦後の日本ゴルフ界をリードした選手で指導者でもあった中村寅吉に、アメリカから帰国するたびにスイングをチェックしてもらい、精神的な支えでもあったと聞く。樋口に中村という存在がいたように、畑岡にとってはガレスがメンターなのだ。

畑岡も含め、選手とガレスがコミュニケーションをとる日は、オフでもある月曜日が多い。調子が良ければ、がんばってねと返すだけのときもある。

「今の若者は絵文字のほうに反応するので、絵文字を送るようにしている。今はツイッターじゃなくて、インスタだからと（選手に）言われて、アカウントを開設したよ」とガレスは苦笑する。

本来はインスタなどやりたくはない。だが、選手を理解するために歩み寄る。

「コーチは技術を教えるインストラクターとは少し違う。私はスイング動画だけチェックしているのではありません。若者は、競技動作だけでは、彼らの本当の状況はつかめない。家庭の状態、友人、彼氏彼女などさまざまなものに左右される。体の問題はもちろんだが、心の問題にフォーカスする。つまり、選手にとってメンターの役割も果たすわけです」

「タイガーはひとりしかつくられない」

「アスリートのインテリジェンスは自立だ」とガレス。このことは、二つのマインドセットの説明からもよくわかる。

プレッシャーのなかで、自分でしっかり考えられる能力。考えを整理する力。時間内に自己決定する決断力。勝つために必要なそれらの力は、自立していなければ養われない。

だが、残念ながら大人が子どもの自立を阻むケースは少なくない。

１９９０年代後半。タイガー・ウッズの出現で「早期専門型」の育成法が注目されるようになった。

父親の手ほどきで1歳前にクラブを握った（握らされた？）タイガーは、メディアにも取り上げられ有名なキッズゴルファーに。４歳で南カリフォルニア・ジュニアゴルフ協会に加盟し、10歳以下クラスの9ホールの試合で10歳児を破ったという。

アメリカで、いや世界で多くの親たちが影響を受けた。続々とわが子にクラブを握らせた。そして今現在も、早期英才教育はもてはやされる。日本でも、若くして才能が開花したアスリートがいかにして育ったのかを報じ「こうすれば第二の〇〇選手に！」と伝える。

「スポーツの早期英才教育ブームは全世界共通の問題だ」と言うガレスは、こう警鐘を鳴らす。

「タイガー・ウッズはひとりしかつくられない」

黒人の米陸軍特殊部隊「グリーン・ベレー」の退役軍人で息子に厳しく対峙した父親と、仏教徒のタイ人で穏やかで落ち着いた母親。ゴルフの才能はもちろんだが、何より両親のバランスが絶妙だったのではないか。

規律を父から教わり、やわらかく落ち着いたメンタルを母から引き継いだ――。ガレスはそう分析する。

タイガーは、才能も家庭環境も唯一無二なのだ。

早期教育を妄信する親が子どもにプレッシャーを与えすぎたり、過干渉になれば、ガレスがアスリートに必要不可欠と説く「自立」が促されない。

そのためにも、子どものころは多くの競技に取り組む「マルチアスリート」であることを、ガレスは勧める。

「ゴルフとウエイトだけでなく、バイクや木登り、サッカー、バスケット、テニス。さまざまな競技を体験してほしい」

神経系統の発達に良い影響を及ぼすだけでなく、「この道を極めてほしい」と願う親の熱を分散できる。

特に、ゴルフは、環境設定が他競技と少しばかり異なる。サッカーや野球バスケットボールや水泳などは、少年団やクラブといった場所に子どもが自分で通える。

だが、ゴルフは違う。子どもは親に場所を探し、予約し、連れて行ってもらわなくては成立しない。

「ゴルフは（親への）依存の思考から始まる競技なので、親子ともに強く意識しなければ自立が進まない。日本はそこも課題だと理解している。諸外国は、どこも自立の重要性を理解したうえで強化育成をしていますから」（JGA競技者育成担当部長・内田愛次郎）

選手のまわりにはさまざまな人たちが存在する。キャディ。両親。協会のスタッフ、メディアもいる。その人たちが良かれと思って情報を伝え、アドバイスすることもある。ガレスはどんな環境でも、自分を見失わないタフさを選手に求める。

「競技成績が上がらない場合、誰かにこう言われたとか、言い訳にしてしまうことがままある。しかし、自分のショットに自分で責任をもってほしい。自分のキャリアを自分で作っていくことが一番大事なのです。その意味でも、私は選手が周囲とどうコミュニケーションをとるかを見ている。強くなるには、人とかかわる能力は非常に重要なのです」

名コーチが口を揃えた「日本人には自立心が必要」

「Ｐｌａｙｅｒｓ　ｈａｖｅ　ｔｏ　ｂｅ　ｉｎｄｅｐｅｎｄｅｎｔ」

選手はすべからく自立していなくてはならない。

ガレスが言ったように、他競技の名コーチたちも同じ意味のことを口にしている。

ひとりは、ガレスと同じオーストラリア人で、同じ姓をもつラグビー日本代表前ヘッドコーチのエディー・ジョーンズ。

「ラグビーを教えるよりも、選手を自立させることのほうが難しい仕事だった」と筆者の取材で述べている。

さらには、多くの功績を日本サッカー界に残したイビチャ・オシムも、選手の自主・自立を尊重していた。

――「日本人はコーチから右へ行けと言われたらみんな右へ行く。欧州の選手は、コーチが右だと言ったら知らん顔して左へ行くよ」とオシムさんは日本人の従順さが残念そうでした。初めて斜めに走った選手にだけ「ブラボー」と拍手をしたのです――（『叱らず、問いかける』池上正・著／廣済堂ファミリー新書より）

それをガレスに伝えると「日本のアスリートが抱えている問題は、多くの競技に通底していますね」と表情を引き締めた。

そこを突破することで、プロフェッショナルと成長志向のある文化が日本のゴルフ界にもたらされる。

「重要なのは、選手の人生は彼らの旅であって、私の旅ではないということ」

選手は自立の旅を。ガレスは、日本ゴルフ界に「自立」というインテリジェンスを注入する旅を。彼らの旅から、目が離せない。

アスリートの自立が脳科学的に正解なワケ

脳は出力依存性をもちます。脳にインプットしよう、記憶しよう、言われるままに再現しようとしても、なかなかインプットできませんし、再現することも困難です。一方で、アウトプットしよう、使ってみよう、やってみて修正しようとすると、脳はその出力を大事なことだととらえるらしく、比較的速やかに身につきます。

例えば、高齢者のリハビリで、作業療法士さんのいわれるままに体を動かすよりは、自分からやる気をもって工夫しながら取り組む方がリハビリ効果が上がりやすいことが知られています。また脳に障害を抱えた子どもの回復支援でも、自発性がみられるようになると急激な変化が起きやすくなります。

ガレスさんがコーチをされているゴルフでは、選手はその場、その場で決断を迫られ、状況が悪くなれば自分の力で立て直さなくてはなりません。自分の代りに誰もアイアンを振ってはくれません。自発的に行動することがスキルアップにつながりやすいだけではなく、そもそも自立的でないと勝負にならないのがゴルフ。だから、ガレスさんが「自立」を指導の軸にしていることは脳科学的に見ても大正解です。

　ガレスさんの「プロフェッショナル」という言葉の使い方も自発性につながる。ゴルフへの愛、自分への愛、プレーへの愛。これらは脳ではやる気や快感情にかかわる側坐核の活動をささえます。側坐核が活動すると運動野での新しい神経ネットワークが作りだしやすくなり、記憶もされやすくなるのです。「自立」「成長」を支えるのは「愛」だと言っていいのかもしれません。

　一方で「選手を自立させるためには、干渉せず見守りましょう」とか「自分から動き出すまで待ちましょう」と言われると、「ずっと失敗し続けたらどうするんだ」と心配する声が出てきます。その背景には「正しい指導＝失敗させない指導」という思い込みというか、文化があるのかもしれません。

　日本では今のところ、「選手が失敗しないよう骨を折る人が良い指導者」という価値観がまだ根強いようですが、オーストラリアから来られたガレスさんは、それとは異なる視点を持っています。

自分で工夫していく力、自分でよりよい成功を目指す力、それにトライ&エラーしていくことが大事だと伝えている。その根っこにあるのが、先に挙げた「プロフェッショナルのこころ」なのでしょう。

「フレーミング」で進化する

ラグビー

中竹竜二

（日本ラグビー協会コーチングディレクター）

「good・bad・nextのフレームワークに時間をかける選手は必ず伸びる。
自分の言葉で課題解決方法を他者に伝え、アウトプットできればハイレベルのリーダーになる」

なかたけ・りゅうじ

1973年福岡県生まれ。早稲田大学卒業後、英国へ留学。三菱総合研究所等を経て、早稲田大学蹴球部監督となり大学選手権2連覇達成。2010年、日本ラグビー協会初代コーチングディレクター就任。（株）チームボックス代表。『新版リーダーシップからフォロワーシップへ』など著書多数。

日本ラグビー協会コーチングディレクターを務め、『新版リーダーシップからフォロワーシップへ』などの著書もある中竹竜二（45）は、コーチ育成の第一人者だ。

「選手を成長させたいなら、まずコーチが成長しよう。コーチが変われば、選手が変わる」〝学び〟の価値を伝えるために2010年から全国各地でコーチ研修を開いたり、U16から始まるユース年代からトップにいたる日本代表のアスリート教育を担ってきた。

特徴的なのは、練習や試合の「ふり返り」に「good」「bad」「next」（以下GBN）の3つの観点を使うところだ。

「good」は良かったこと、「bad」は悪かったこと。それらを踏まえ、次にどうするかを見定めていくのが「next」になる。

例えばバックスの選手であれば、ポジショニングが良かったのでチャンスを多くつくれた。だが、肝心なところでハンドリングエラーがあった。次の練習では、そこを意識して、トップスピードになった状態でのハンドリング練習に取り組む――そのような思考を喚起する。

このような手法を「フレーミング」と言う。フレームは「くくり」を指す。たくさんの課題をやみくもに考えるのではなく、ひとつのくくりごとに思考していくことで整理しやすくなる。良かった点を生かしながら、悪かった点を絞る。そうすることで、自分自身やチームそのものを俯瞰して客観的に見る習慣もつく。

「選手に試合や練習を振り返ってみてくださいと話すと、ただ起きたことを並べてしまいがちだった。でも、GBNがあれば頭の中を整理しやすい。攻撃は？　守備は？　自分は？　チームは？　とさらに分けても同じ手法で整理できる。最後に分けたものをつなげばいいわけです。次にどうすべきかが明確になるので、成長スピードは断然あがってきます」

そう説明する中竹は、留学した英国の大学院で学んだ「形態型社会学」でフレーミングを探り当てた。形態型社会学は、社会の仕組みなどさまざまな事象を構造的にとらえる学問だ。主観を排除し、物事を俯瞰的にとらえなおすことが求められる。

「『good・bad・next』のフレームワークは、言ってみれば非常に単純なものです。私が説明する以前から自然に自分で取り入れた選手や指導者もいます。ただ、それを価値あるものだと認識し継続していくことが重要です。私がこのフレーミングを使い始めて8年経った今、ラグビー界ではほとんどのチームで使われています」

この手法で進化しているのは、ラグビーだけではない。中竹はプロ野球の横浜DeNAベイスターズ、Jリーグ、日本バスケットボール協会で選手や指導者講習の依頼を受けてきた。競技のフレームを超えて、この手法を伝えている。

レポートに取り組む意味

では、どのように使うのか。

例えば、ラグビーでは、合宿や遠征の際、練習や試合の後にレポートを選手に書かせる。高校日本代表からトップチームまで、ほぼ同じフォーマットのプリントを使用する。パソコンがない選手もいるため、今のところは紙に手書きだ。プリントは、技術戦術といった競技に関する「オン・ザ・フィールド」（グラウンド上）と、チームの規範や生活態度、食事についての「オフ・ザ・フィールド」（グラウンド外）に分かれる。

まずは、オン・ザ・フィールドについて。

「GBNをその都度やるのは面倒だけれど、そこに時間をかける選手は必ず伸びる。問題点が明確になります。言葉の本来の機能は、何かを限定することでもあります。自分の言葉でGBNを明らかにして課題解決方法を考える。それを他者に伝える訓練を積んでいくと、ハイレベルのリーダーになります」と中竹はレポート作成の価値を語る。

これからの1時間の練習で、課題をどう解決するか。

ジャパンの合宿では、練習前にそんなレポートを書いてもらったことがある。文章を書き慣れていない者がほとんどのはずで「え？　また書くの？」という悲鳴もあがった。

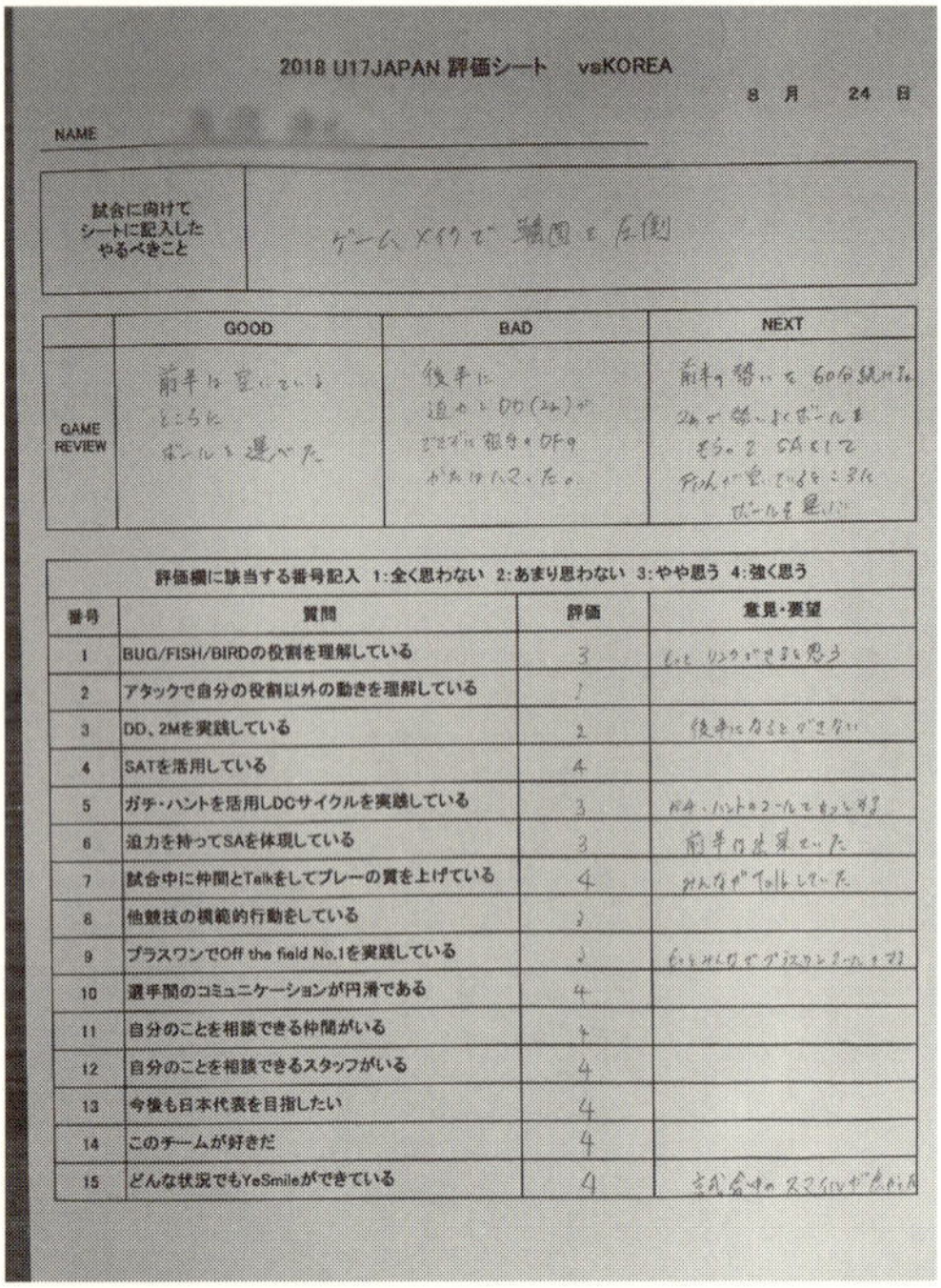

2018 U17JAPAN 評価シート　vsKOREA

8 月　24 日

NAME

試合に向けてシートに記入したやるべきこと	ゲームメイクで韓国を圧倒

	GOOD	BAD	NEXT
GAME REVIEW			

評価欄に該当する番号記入 1:全く思わない 2:あまり思わない 3:やや思う 4:強く思う

番号	質問	評価	意見・要望
1	BUG/FISH/BIRDの役割を理解している	3	
2	アタックで自分の役割以外の動きを理解している		
3	DD、2Mを実践している		
4	SATを活用している	4	
5	ガチ・ハントを活用しDCサイクルを実践している	3	
6	迫力を持ってSAを体現している	3	
7	試合中に仲間とTalkをしてプレーの質を上げている	4	
8	他競技の模範的行動をしている		
9	プラスワンでOff the field No.1を実践している		
10	選手間のコミュニケーションが円滑である	4	
11	自分のことを相談できる仲間がいる		
12	自分のことを相談できるスタッフがいる	4	
13	今後も日本代表を目指したい	4	
14	このチームが好きだ	4	
15	どんな状況でもYeSmileができている	4	

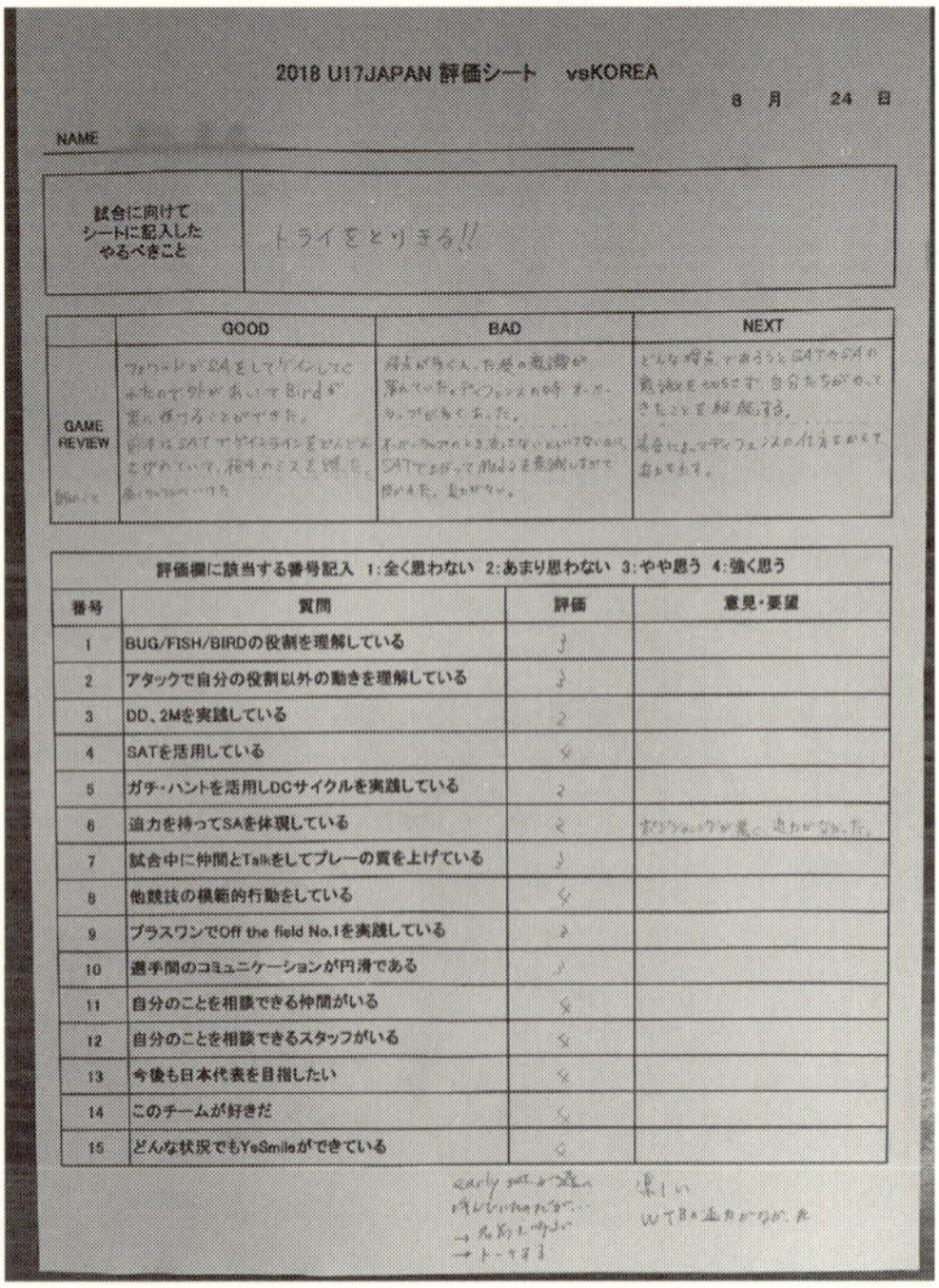

2018 U17JAPAN 評価シート　vsKOREA

8 月　24 日

NAME

試合に向けてシートに記入したやるべきこと	トライをとりきる!!

	GOOD	BAD	NEXT
GAME REVIEW			

評価欄に該当する番号記入 1:全く思わない 2:あまり思わない 3:やや思う 4:強く思う

番号	質問	評価	意見・要望
1	BUG/FISH/BIRDの役割を理解している		
2	アタックで自分の役割以外の動きを理解している		
3	DD、2Mを実践している		
4	SATを活用している		
5	ガチ・ハントを活用しDCサイクルを実践している		
6	迫力を持ってSAを体現している		
7	試合中に仲間とTalkをしてプレーの質を上げている		
8	他競技の模範的行動をしている		
9	プラスワンでOff the field No.1を実践している		
10	選手間のコミュニケーションが円滑である		
11	自分のことを相談できる仲間がいる		
12	自分のことを相談できるスタッフがいる		
13	今後も日本代表を目指したい		
14	このチームが好きだ		
15	どんな状況でもYeSmileができている		

U17日本代表選手が書いたオンザフィールドの自己評価シート。GBN以外に「アタックで自分の役割以外の動きを理解している」といった具体的な評価項目もある。

「トップでも、高校生でも、これをきちっとできる選手はうまくなる。でも、こういった学びをぞんざいに扱ってしまう選手は、いくらポテンシャルが高くても途中で消えてしまいます」

フレーミングで成長した選手は枚挙の暇がない。

中竹が初めて研修をした高校日本代表にいた流大（サントリー）、布巻峻介（パナソニック）を始め、中村亮土（サントリー）、金正奎（ＮＴＴコミュニケーションズ）らはジャパンの選手へと育ってきた。

「全員、レポートがどんどん良くなった」と記憶しているこれらの選手たちの多くが、所属チームでキャプテンを任されていることは、特筆すべきことだろう。

キャプテンは、監督が提案した戦術をチーム全員に理解してもらわなくてはいけない。自分の言葉でチームメイトに伝えることが必要だ。ラグビーの試合で、同じような反則が散見されると主審が呼んで注意するのはキャプテンであることからも、言語能力の高さが求められることは言うまでもない。

例えば帝京大学Ｖ９チームのキャプテンを務めた堀越康介（サントリー）は、決して言葉巧みではなかった。中高と主将歴はなく、中竹が監督を務めた21歳以下日本代表で初めてリーダー役を任されたことを機に、言語能力、コミュニケーション能力が格段に伸びた。

「それに加えて、彼には意思の強さが抜きんでていた。ネガティブなことがあっても、周囲に言い訳しない。やると決めたことをやり抜く力、つまりグリッドがある」

そう言って目を細めた中竹によると、振り返りをしてノートやプリントに書くことと、「グリッド」は関係しているという。グリッド（ｇｒｉｄ）は、格子状や碁盤目のことだが、「気概」「気骨」の意味もあり、スポーツの指導現場では「最後までやり遂げる力」を指す。

「他者にこうするんだと宣言するなどして、誰かと（決意を）シェアすれば、そこには責任が発生します。自分のノートに書くのは、自分を奮い立たせることになるでしょうから」

オフ・ザ・フィールドは、アスリートであることをいかに意識して生活するかが重要な視点になる。

「あいさつしたか。食事の後片付けができたか、食堂のテーブルに椅子をしまったか。小さなことだけど、練習や試合に向けて準備を重ねる日常生活をいかに整えるかが、選手のスムーズな成長につながる」と中竹は重要性を訴える。

ところで、ラグビーは外国人選手も多いが、彼らもプリントでＧＢＮを振り返る。アタアタ・モエアキオラやテビタ・タタフ（ともに東海大学）のように、中学校で来日した選手はすべて日本語で書くという。

同じ東海大学出身でジャパンのキャプテンを務めるマイケル・リーチは、今では日本経済新聞を愛読する。一時はラグビーをやめて大学院に行きたいと言いだして、関係者が止めたほどのインテリだ。

書くことに「意味」を見出す

このようにして中竹は選手にレポートを書かせて成長を促しているが、自分自身は早くに「ノートを書くこと」をやめた。

小学4年生でノートを放棄した。先生が黒板に書いたことを板書する。その内容は、もともと教科書に書かれている場合がほとんどだ。

「あるとき、ふと周りを見回すと、みんなノートをとるのに必死だった。内容がわからなくても、ただただ黒板の文字を書き写す。意味がないと思ったんです」

そこで中竹少年は、ノートをとらずに授業を聞いて覚えることに集中した。「いざとなったらコピーすればいいや」という度胸もあった。

ひとりだけ鉛筆を持たないため、すぐに先生から「なぜノートをとらないんだ?」と叱られた。が、「とらないと決めました」と宣言した。

ところが、早稲田大学ラグビー部に加入してから、ノートを日記にして毎日の練習や試合のことを書き始めた。小学生時代と異なり、ノートを書くことに「意味」を見出したからだ。主体的に取り組み始めた。

「基本的に面倒くさがりで、勝負がかかってきたときしか頑張らないタイプなのですが、ずっと続いていますね。指導者になってからも、ジャーナル（日誌）みたいなかたちで相当な量のデータをつくりました」

早稲田大学ラグビー部、日本代表育成年代と、指導する対象は替わっても書き続けた。選手への声がけや、その日の練習がどうだったか。ミーティングの内容は有益だったかどうか。そんなことだ。

「この選手としゃべっていないな、とか。吸い上げた意見の内容や、選手から聞いたことを綴っていた」

つまり、中竹のノートは選手から聞いた話でいっぱいになった。選手がどう考えているか、感じているかといったことに興味があった。プレーする選手が主役なのだから、彼らの考えを知るのは当然というロジカルがあった。

一般的に、日本の指導者は「選手に何を言うか」「何を伝えるか」に重きを置くが、中竹は「言わなければ」ではなく、「聞かなければ」という姿勢だ。

そもそも、選手間はもちろんだが指導者と選手との話し合いも必要だ。ミーティングが、監督が一方的に黒板に何か書き、それを選手が板書する小学校のような状況では、相互理解は深まらない。

「話し合いでダメな例は、GBNで分けて考えていない場合が多い。話し合うときに、GBNのフレーミングがあると便利なんです」と有効性を説く。

さらけ出しこそが成長の鍵である

中竹は、コーチのコーチでもある。コーチングディレクターに就任した2010年から、年に一度、全国の主に高校生の指導者たちに研修をしてきた。高校生世代のラグビー日本代表の監督を選ぶにあたって、2015年に全国から30名ほどのコーチを集めて合宿を行った。高校年代を見ている人たちなので、ほとんどが教員だ。

そこに参加した樋口猛（46＝新潟県立新潟工業高校ラグビー部監督）は「中竹は一体何をやるんだろうか」と多少なりとも疑心暗鬼だったという。

「スキルではなく、アティチュード（姿勢）で決めます」

当時はまだ聴き慣れない「アティチュード」の言葉に少々ざわついたのち、「ゲームライクな練習」という課題が与えられた。

「どなたか、デモンストレーションをやってみていただけませんか?」

挙手する「先生」が皆無のなか、最前列にいた樋口はなぜか中竹と目が合った。中竹より2歳上。集まった中では最もベテランコーチは即興で練習をやった。が、うまくいかなかった。

「もう、グダグダでしたね。いわば、全国から集まったコーチの前で恥を書いたわけです。プランが中途半端でしたからうまくいくわけがない。振り返りの時間に、素直に失敗でしたと言いました」

しかし、中竹には樋口が自分自身をさらけ出して成長できる指導者だと映ったそうで、樋口はその後に招集されるU19日本代表監督に。遠征で初めてU19スコットランド代表を下す金星を挙げた。

現在日本ラグビー協会ユース統括を務める樋口は、大恥をかいたデモをこう振り返る。

「他の先生たちが、いや、俺もできへんと言ってましたね。僕はあそこでみんなと指導者としての痛みを共有したと思ってます。でも、痛みは伴うけれど、そこに新しい学びがあると今は理解しています」

樋口を筆頭に、指導者たちの学ぶ姿勢が全国に広がっている。GBNを利用しノートを書き続けている樋口は、中竹に感謝する。

「ゴール設定をきちんとしてプランを立てる重要性をあの研修会で教わりましたね。僕らは高校教員で、部活動は毎日あるので、毎日が流れ作業のようになりがちです。どうなりたいか、そのために今は何をすべきかといったゴール設定をおろそかにせず、生徒と向き合っていきたい」

スポーツのコーチを育てる「コーチ」は海外で「コーチ・デベロッパー」と称されるが、そのような役どころは日本ではまだまだ少ない。中竹はその第一人者として思考錯誤を続けてきた。

フレーミングを自然に使っていた人もいたが、使ったことのない人は最初は苦戦する。ただ、GBNで分けて考えたほうが必ずうまくいく。熟達したコーチも、ノートにその要素を書いたほうがいいだろう。

中竹によると「大人の学び」には、三つの段階があるという。

1 セミナーや研修会でレクチャーを受ける

2 仲間同士で学び合ったり、本などで指導論を学ぶ

3 自分自身で振り返る

「初心者は①を。中堅どころは②、本当のトップは③を深めていくわけです。コーチの皆さんも、ノートに書きだすことによって自分の課題をあぶり出して解決してほしい」

指導者は「答え」よりも「問いかけ」を

2018年にスポーツ現場おけるパワハラや暴力が問題になった際、筆者は中竹に取材してハッとさせられたことがある。

他競技の強化担当者が「暴力やパワハラはダメだと文書やサイトで通達しているのですが、なかなか届きません」と困り顔で話すなか、中竹は「僕は暴力やパワハラがどうのという話をしたことがない」と言うのだ。

「暴力を減らすことを目的にするのではなく、結果論として暴力が減っていけばいいいんじゃないですか。まずい指導からいい指導に変化すれば、コーチは選手を力でねじ伏せる必要がなくなります」

「選手を成長させたいなら、まずコーチが成長しよう。コーチが変われば、選手が変わる」

研修会では、そう指導者に呼びかける。

鍵は、選手の可能性を信じられるかどうか。

「信じられれば、主体的に動く彼らを見守ることができる。それができないのは他者を信じられない人。裏返せば自分に自信がない人です」

つまり、自分の指導力に自信があれば、目の前にいる選手を信じられる。選手の主体性に注目する指導者こそが、選手を伸ばすとも言える。その意味では、ノートを書く作業も、言われたことだけを書くチームは上意下達の色が濃いように見える。

何かを伝えた際に、「はい」と返事されれば、言ったほうは気持ちがいい。しかし、本当に理解しているか。わかっているかどうかは、返事だけではわからない。

中竹は指導者に、選手が返事した後「今、僕、なんて言った？」と確認してほしいと伝える。

「ビジネスの現場でも一緒ですよ。もう一度言ってみて、と問いかけてほしい。部下はほぼ、言えなかったりします。自分で言えるかどうか。言えることをノートに書けるか。要約できる力が重要なのです」

指導者は、回答する人ではなく、問いかける人になること。

ただし、最初から「どうしたらいいか？」「何をしたいのか？」は、ハードルが高い。

「最初は、イエス・ノーで答えられる質問から始めるといいでしょう」

実は帰属意識を高めるオフの振り返り

「ｇｏｏｄ」「ｂａｄ」「ｎｅｘｔ」のフレーミングは、それぞれの視点で考えられるため脳が混乱せずに済みます。ただし、最後のｎｅｘｔをいかに有効なものに仕上げるかは、全体を見て何を優先すべきかを判断する「俯瞰力」が必要になります。

またｎｅｘｔには、大きく分けると、心理面とスキル面があると思います。心理面は、例えば「あのときの心のブレをどうするか」とか、「キックを蹴るときにあがってしまった」「あの場面で頭が真っ白になってしまった」ことを次にどうするかを考えます。

選手たちが書いたプリントを見ると、スキル面では、チームでやっていることをまずは理解したうえで「意思統一ができていたか」にフォーカスされているように見えます。

「Ｏｎｅ　ｆｏｒ　ａｌｌ，Ａｌｌ　ｆｏｒ　ｏｎｅ」がラグビーの精神と言われるように、個人的な評価というよりも「われわれはどうだったか」という集団評価のほうに重きが置かれているようです。

つまり、卓球や柔道といった個人スポーツよりも、具体的な身体スキルの話が少ないように見受けられました。どちらが良い悪いというものではなく、単なる競技の特質ではありますが、集団評価に傾き過ぎると、個人的な振り返りが薄まる可能性があるかもしれません。

トップ選手はいわずともできていると思いますが、中高生はチームではこう、個人ではこうだったといったもうひとつのフレーミングが必要かもしれません。

一方で、「オフ・ザ・フィールド」を振り返るのは、「One for all, All for one」のall（チーム）の思想を伝えるのに欠かせないでしょう。ラグビーをしていない時間も全員が同じレベルの価値観で過ごすことは、チームの一員だという帰属意識を強化することになります。

さらに、もともとビジネスのシートはスポーツ用のシートから転用されていることが多く、両者は非常に関連性が深いと言えます。

スポーツよりも、ビジネスのほうがコーチングやリーダーシップなどの基礎スキルが充実していません。スポーツで日本一になった監督さんが、よく企業での講演や研修でよく呼ばれるのもうなずけます。

映像駆使した「レビュー」で進化

バスケットボール
恩塚 亨
（女子日本代表ヘッドコーチ）

練習映像をレビュー編集し、
選手に可視化してもらうと、
課題が明確になる。
「目の前のことに対し、
何のためにやるかを常に、考える。
そうすると主体的になれる」

おんづか・とおる

1979年生まれ、大分県出身。筑波大学卒業、早稲田大学大学院修了。大学卒業後、高校教員を務め、2006年に東京医療保健大学の女子バスケット部を立ち上げ創設11年で大学日本一に導く。2008年五輪最終予選から女子日本代表のアナリストとして正式に採用される。17年から同代表アシスタントコーチ。21年より同代表ヘッドコーチ。

パソコンで作業する恩塚（東京都目黒区にある東京医療保健大学にて）

ノートと言えば紙のイメージが強いが、今やデジタルもある。

２０２０年東京五輪でメダル獲得が期待されるバスケットボール女子日本代表ヘッドコーチのトム・ホーバスに請われ、17年からアシスタント・コーチに就任した恩塚亨（39）。16年リオ五輪までを分析スタッフを務め、20年ぶりに決勝リーグ進出を遂げた女子日本代表を縁の下で支えた。

その経験は指導に活かされ、監督を務める東京医療保健大学（以下東京医療）女子バスケット部は18年度全日本大学選手権で２連覇を果たす。創部12年で２度の大学日本一を成し遂げた偉業の裏には、ビデオ映像を駆使した「ＩＴノート」の活用があった。

東京医療は毎日の練習をすべて録画する。公式戦や練習試合を撮影するのは、実業団はもちろん中学や高校生でも行うが、毎日練習ビデオを撮って活用するチームは稀だ。

恩塚は毎日、ノートパソコンで練習ビデオを３時間かけて観る。同時に数字の分析をして、どうしたら上手くなるのかを考える。その日の選手のプレーから優先順位をつけてピックアップして選手たちに見せる映像、レビューを編集する。

「そうやってブレイクダウンします。個人向けの場合も、チームに向けたものも両方ある。その映像を選手が見て、ポイントを自分自身でつかんで、ここが課題で、こうやったらうまくなると理解できます」

ブレイクダウンとは、上司が部下に伝達する、もしくは、内容を詳細化、細分化する、つまりわかりやすく落とし込むこと。これこそが、スポーツのコーチングの質を左右するといっても過言ではない。

成長を促す「レビュークリップ」

恩塚はコーチングを医療にたとえる。

「そのためには、きちんと処方された練習を授けなきゃいけない。体調を崩したら医者に診てもらいますよね。例えば、風邪にしても喉なのか、頭痛がひどいのか、症状によって処方される薬は違ってくる。そこを組み立てていくことを意識しています」

東京医療保健大学の練習は、恩塚がつくったビデオ映像を観ることから始まる。ある日は、体育館の隅に置かれたモニターにNBAや国際試合のワンプレーを映すと、そのフェイントがいかに有効かということや、マスターするポイントなどを説明した。

加えて、直近の試合で流れを変えた一選手のリバウンドを映し、その必要性やどこがよかったのかを伝えた。

そして、映像で観たばかりのフェイントやリバウンドの練習に入った。

選手に渡すレビュークリップ。その日の試合や練習のなかで、チーム、もしくは個人に伝えたい映像を切り出し、解説をつける。項目をクリックすると、映像とアドバイスやポイントが見られる。自分のクリップを確認する2018年度キャプテン・若原愛美（右）と、担当コーチの新城睦月。

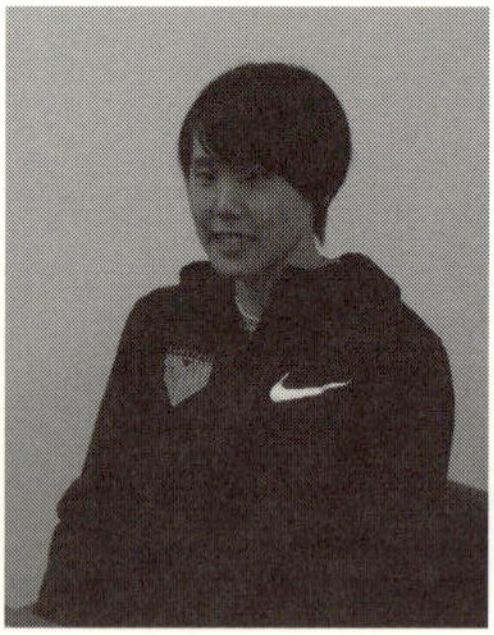

左から学生コーチの須賀望美、若原、新城。
若原のミーティングノートと、須賀のスタッフノート。

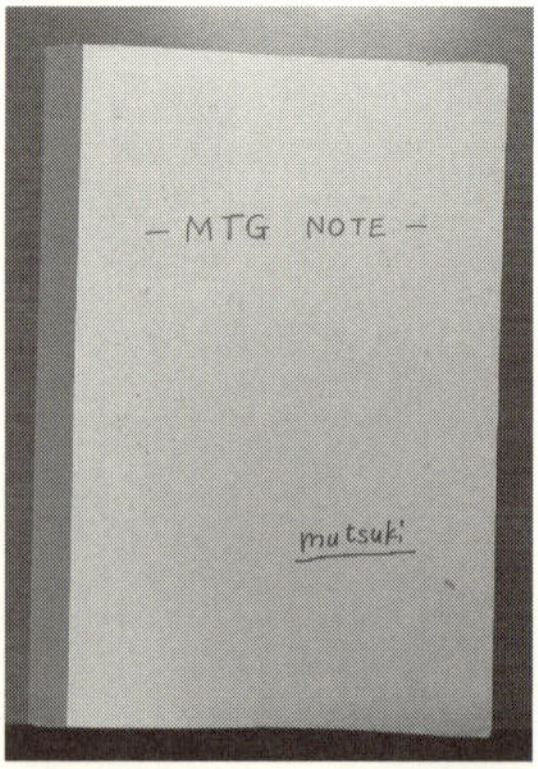

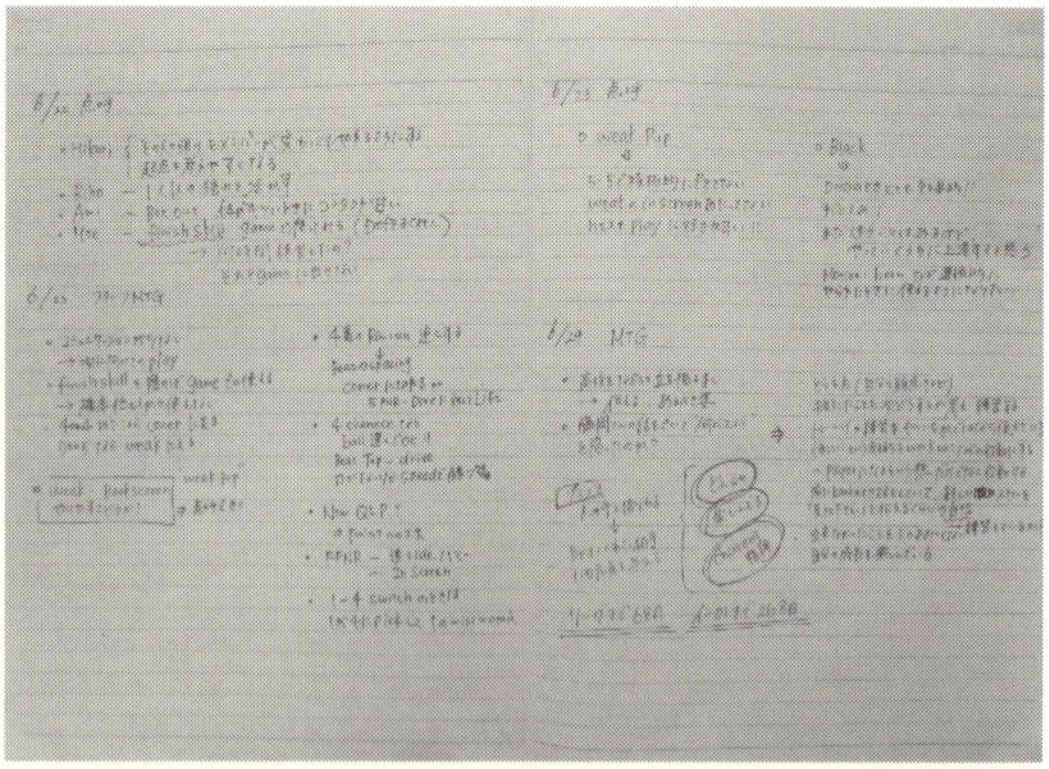

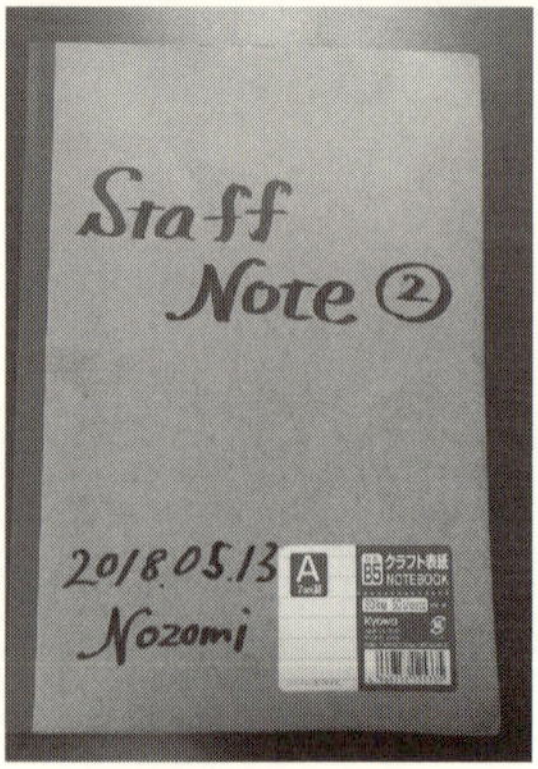

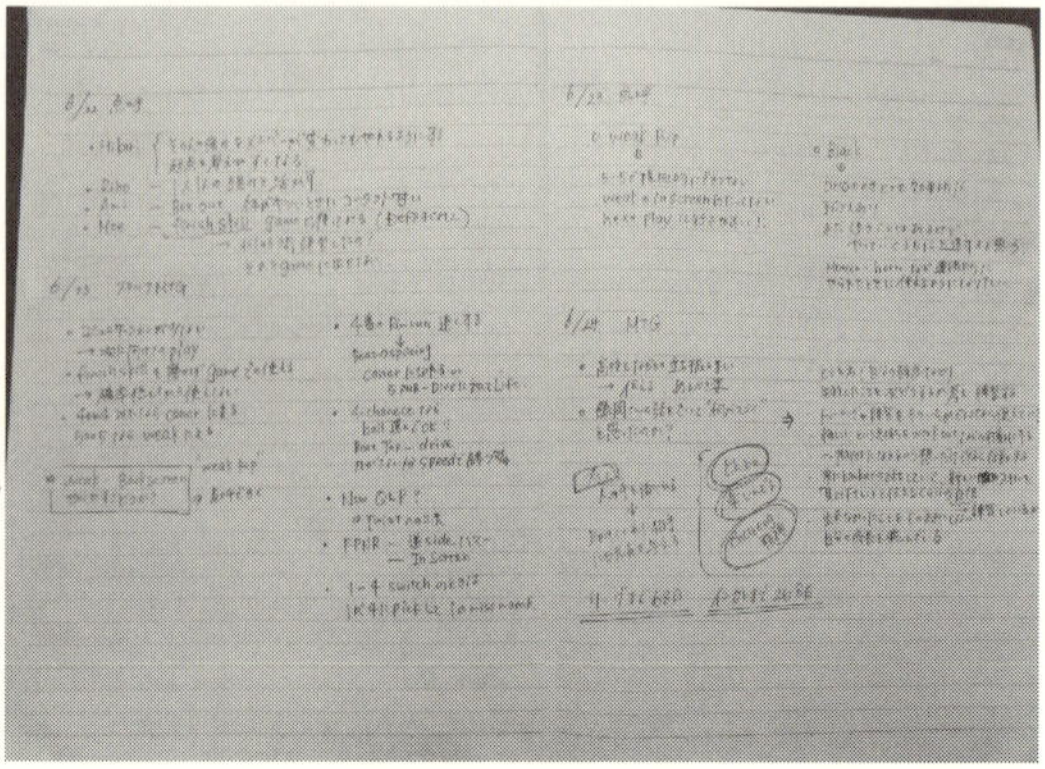

「なぜ有効か」「なぜ必要なのか」といった練習する「価値」を理解した選手たちは、目の色を変えて練習に取り組む。勝利するため、自分たちがより成長するために必要だというエビデンスが映像で可視化されるため、選手らのモチベーションがアップするわけだ。

加えて、恩塚が試合や練習の映像にアドバイスや情報を入れ編集したものを、クラウドで共有する。それらはチーム内で「レビュー」もしくは「レビュークリップ」などと呼ばれる。

チーム全員に向けたものもあれば、個人のクリップもある。個人クリップは毎日のように、練習翌日にその日恩塚が重要と思われたプレーが切り取られたものに情報が添えられて送られる。USBデータで渡されることもある。

「ここをこうやってほしい」「こうするともっと良くなる」そんなコメントを、編集した映像に加えたものだ。

「映像で見せると、選手は、私、こんな感じなんですか?と驚くことが多い。やっているつもりだが、実はできていない。どんなに優秀な選手でもギャップは起きます。そんなことを映像で可視化できると、課題が明確になる」と恩塚は話す。

しかも、それらが確実なスキルアップにつながるよう、その選手を担当する学生コーチとも共有される。彼らが、選手が恩塚から与えられた課題解決をともに考え、チームで取り組んでいくシステムや文化が完成されている。

学生コーチは元選手の場合と、最初からバスケットの指導者を目指して加入する学生。他大学に通いながら希望して同部の学生コーチを務める者もいる。

同じ大学スポーツでも、ラグビーやサッカーなど球技系の競技で、選手がビデオ映像を観る機会は増えている。例えば、ラグビーはスクラムを撮影して自分たちの組み方を研究するし、サッカーも毎日の練習を撮影しチームで共有している大学はある。ただし、東京医療がそれらと明らかに異なるのは、そこに指導者の眼と手が加えられていることだ。

このようにして選手のイメージと現実とのギャップが埋められるため、1シーズンで確実に上達できる。18年度も春の関東トーナメント5位発進ながら、シーズン最後のインカレで優勝して見せた。日本代表ラインにかかる選手も出てくるなど進境著しい。

「ブレイクダウン」されているか、いないか。その違いは大きいのだ。

日本悲願のメダル獲得を期待されるトム・ホーバスが、恩塚を自分の右腕に迎えたこともうなずける。代表コーチ時代から恩塚とともに戦ってきたトムは、元分析スタッフの能力を早くから認めていたに違いない。

選手も、レビュークリップの価値を評価する。

インカレ2連覇の原動力になったキャプテン若原愛美は「いいところと悪いところがすごくよくわかります。レビューのおかげで上達できたと思う。毎日つくっている恩塚さんはすごいです」と感謝する。

選手にとってのレビューの長所は「映像だと、理解しやすいうえに、頭に残りやすい」ことだという。また、課題だけでなく、恩塚は良かったプレーも切り出してレビューにあげてくれる。選手にとっては大きな自信になる。4年間で蓄積された個人レビューは、特に卒業後も実業団で競技を続ける選手にとって大きな財産だろう。

ルーズボールやディフェンスリバウンドの際のスクリーンアウト（相手を外側に追い出す動作）など、地味な仕事を恩塚はきちんと切り取って「ナイスプレー」とほめてくれる。「ああ、見てくれてたんだって、選手はうれしくなりますよね」

加えて、試合映像は流れがそのまま映っているため「ミスした後の自分のたち振る舞いも印象に残っています」と若原は言う。

「（腰を折って）がっかりした姿を映像で見ちゃうと、ああ、いけないなと反省します。（対戦）相手にあんな態度を見せちゃいけませんよね」

映像は、スキルを体得する以外の分野でも選手を刺激している。

恩塚はアシスタントコーチを務める日本代表でも、選手に個人クリップを渡す。成長著しい馬瓜エブリン（25＝トヨタ自動車）ら若手選手の進化を支えたいと思っている。

創部のため企画書4回書いてプレゼン

なぜ、誰もやっていなかった「レビュークリップ」をつくり始めたのか。それは、高校教師だった2005年に遡る。

千葉県にある渋谷教育学園幕張中学校・高等学校。偏差値70を超える超進学校の保健体育科の教員だった恩塚は、女子バスケットボール部の顧問だった。筑波大学に一般入試組なのにAチームでプレーした。部活動に熱心に取り組んだが、進学校でできることの限界も感じていた。

目の前の現実と、自分がやりたいこととの狭間で葛藤を抱えていたとき、東京医療保健大学の設立を耳にした。新設の大学ならば、バスケット部をつくってくれるのではないか。しかも、看護師や管理栄養士を養成する大学なら女子が多いはずだ。

思い立った恩塚は、女子バスケット部設立の企画書をパソコンで作成した。NCAA男子バスケットボールリーグのノースカロライナ大学バスケット部のコンセプト「プレー・ハード　プレー・スマート　プレー・トゥゲザー」の三本柱を載せるなどして「それ（企画書）らしくした（笑）」。

　副理事宛てに企画書を送ったが、まったく反応がない。4回目に書き替えた企画書でようやく大学幹部に面接してもらえることになった。

　バスケットボールへの情熱を語ろうと準備してきたものの、ひと言に打ちのめされる。

「それで、君のチームはどこまでいけてるの？」

　恩塚は小さな声で「千葉県の県大会1回戦に出ました」と答えた。あらためて、実績がものをいうのだと実感した。

　とはいえ、粘りの姿勢と情熱が伝わったのか、東京医療は大学設立2年目に女子バスケットボール部を創部することを決め、恩塚は監督に就任した。

　2006年。コーチとしての人生をスタートさせたものの、実績を問われた面接は心にこびりついていた。

「ナショナルチームで何か仕事をしたら、実績になるのではないかと考えました。ビデオを撮って分析することなら、自分にできるんじゃないかと」

　同年12月。チームがオフに入った時期に開催されたU21の国際大会（シンガポール）への帯同を思いつく。メンバーには、リオ五輪でキャプテンを務めたエースガードの吉田亜沙美らが名を連ねていた。

チームスタッフに「ビデオを撮って編集できます」とプレゼンした。まだスポーツ界に「分析」や「アナリスト」といった役割は浸透していなかったころだ。

聞いた相手は「それはいいね」と興味を示したが、年度末のことで起用する予算がないという。

「お金かからなければ、参加していいってことですか？」

交通費、宿泊費合わせて数十万を自腹で支払い「ビデオコーディネーター」という肩書で帯同した。チームスタッフには（なんだこいつは？）と微妙な空気が漂うなか、対戦相手のビデオを撮影しては徹夜で編集した。「ビデオオタクなのかな？ みたいな。そんな雰囲気でしたね」と恩塚は苦笑いで振り返るが、居心地がいいわけはない。奇異の目を向けられても、やり続けた。

そこから年々、立場は少しずつ変貌した。交通費のみの支給から、わずかな寫金がつくまでに。恩塚の存在とともに分析という仕事が認められ始めた。08年にＪＯＣ（日本オリンピック委員会）が情報分析スタッフ、つまりアナリストを各競技につける予算をつけるという後押しもあって、09年にはとうとう専任スタッフになった。

日本代表の分析で編集技術磨く

ところが、出る杭は打たれそうになる。

「実績もない元高校顧問がなぜＪＯＣの専任に？」

「やめさせろ」

風当たりは厳しかった。

一方で、「おまえの仕事は必要だ」と認めてくれる声も同時に存在した。そんな後押しもあって、男子日本代表もアナリストを導入。男女のアンダーカテゴリー含めすべての代表に「ゲーム分析チーム」をつくる中心的役割を果たした恩塚は、リオ五輪にも帯同した。

アナリストだった日本代表では試合のみ分析をする。例えば、セットプレーは主に３パターンでそれぞれこれだけ成功率があってこのくらいの危険度であること。加えて、個々の強みや弱み。具体的な情報をつけてビデオで渡す。選手やスタッフはそれを見て頭に入れるのだ。

その過程で、映像編集やプレーのポイントを抽出する目を養うことができた。自チームでは08年から導入。徐々に現在のようにレビュークリップをチーム強化に活用するスタイルを構築していく。日本代表での仕事が、恩塚がレビュークリップをつくるきっかけとなった。

その内容をさらに細かくして最適化が図れたのは、深い探究心があったからこそだろう。

「バスケの本場であるアメリカが、どんなふうにチームを強化しているのか実際に見てみよう」と10年の女子世界選手権を前に単身渡米。NCAA男子バスケットの名門であるデューク大学の合宿を視察した。

同大学は、リオ五輪で米国男子を3連覇に導き、米バスケット殿堂入りもしている「コーチK」ことマイク・シャシェフスキーが指導。

コーチKの「よく研究しビデオを見ることで活路を見いだす」という指導論は恩塚に影響を与えている。

「どんなミーティングをしているんだろう?」

興味深々で踏み込んだミーティング室。ヘッドコーチが選手にアドバイスする内容は、重要だが簡単なことばかりだった。

「ディフェンスなら、ヘルプに入るのが遅いぞ」

「ピックアンドロール（ボール保持者をマークしているディフェンダーに対しスクリーンを仕掛けるプレー）のときに（適切に）飛び込んでいない」

いずれも基本中の基本といえるものだった。

「コーチは選手にミニバスのような基礎的なことばかり言うわけです。こんなスーパースターたちが、こんなことを細かく徹底してやろうとしているんだと驚きました。でも、それを知れたのはよかった」と恩塚は振り返る。

米国に何度も足を運びつつ、米国留学の経験を持つ筑波大学監督の吉田健司をはじめ日本人指導者からも多くを学んだ。他競技に分析の見本がまだ少なかった07年はサッカー「オシムジャパン」のアナリストに会いに行くなど研鑽を積んだ。

今でこそ、映像編集はスマホでも手軽にできるソフトがいくつもあるが、当時はそれらの性能が低く膨大な時間を費やした。

「何のためにやるか」がキーワード

恩塚に、アスリートのインテリジェンスとは何かを問うと、意外な答えが返された。

〝何のために〟を考えようとすること。

「すべてを〝なんとなく〟やっているのと、これは何のためにやるんだろう？　とやる意味を考えたうえで取り組む。やることが同じでも、結果はまったく違うものになってくるんだと思うんです」

何のために、バスケットボールを一生懸命やるのか？　何のために、筋力トレーニングするのか？　何のために、食事するのか？　何のために大学で勉強するのか？

そんなシンプルなことを「選手にしっかり考えてほしい」と求める。すべてに確固たる正解があるわけではない。自ら物事に取り組む「主体性」を育むためにも、「何のためにやるか」を考えることが重要なのだ。

よって、部のミーティングで「なぜ大学に行くか？」を選手全員で真剣に話し合う。初優勝した年は「何のために祝勝会をするのか？」も話し合った。

「自分たちが祝ってもらうのではない。優勝できる環境を与えてくれた人たち、サポートしてくれた人たちに感謝をするためにやる」

「支えてもらっている事実を実感するためにやる」

さまざまな「何のために」が生まれた。

「そういうことを理解できる子が増えていくことが重要だと思っています。何のためにやるのかを考えると、立ち振る舞いというか、学生たちの姿勢が変わるんです」

恩塚自身も、指導者として「何のために」を意識する。

自分が何のためにバスケットのコーチをしているのか。そこには「仕事の本質は、人に喜んでもらうこと」という彼の人生観が横たわる。

「僕の仕事はバスケットの指導者です。選手が面白いと感じてくれる指導をする責任がある。プレーヤーが教えてもらっているという感覚で、コーチが教えてやっているという関係になるのはおかしい。両者は対等であるべきでしょう」

その通りだ。

対等な関係を築けないチームから、本当の学びは生まれない。

「だから、コーチは（学びの）対価になるものを提供する義務があると思うんです」

そのひとつが、レビュークリップなのだ。

恩塚は、毎日の練習が「ちゃんとできるかなとすごく緊張する」と言う。そのナーバスな感覚は、試合前のそれとほぼ変わらない。その積み重ねこそが、チームの大きな成長につながるのだろう。

「何のためにやるか」

恩塚がつくるレビュークリップは、今日も選手に問いかけている。

「現在」も「未来」も可視化する力

下手なダーツプレイヤーのプレーをみると、下手になることが報告されています。下手なプレーヤーのフォームから、「これは15センチ右上に外れるね」などと精度よく予測ができるようになると、なぜか自分の成績が低下していくというのです。

上手なプレーヤーには上手に投げるための神経ネットワークが小脳などに内部モデルとして出来上がっていると考えられています。そしてこのモデルを使って、自分のプレーを予測し、微妙な修正を行っていきます。投げる瞬間にも飛び方を予測し、ずれを修正すべく内部モデルを修正していきます。結果からのフィードバックだけではなく、結果を予測しながら修正するフィードフォワードを行っているのです。

他のプレーヤーのフォームや力の入れ具合を見て、ダーツがどう飛んでいくか予測するときにも、この内部モデルを使って予測します。ここに無駄な力が入っているから右にずれる、とか、ひじの軌道がそれだと5センチズレるとか。その精度が上がるほどに、上手なプレーヤーの内部モデルは下手なフォームも内包していってしまいます。上手に当てるには不要なシステムまで含んでしまうのです。

恩塚さんの映像クリップはこの逆。現状のフォームやプレー、ポジショニングを見せながら、的確な修正点を示します。選手は現状のプレーを客観的に見ながら、内部モデルをよりよいものに修正していきます。そこそこのプレーヤーなら客観的な映像をみただけで、内部モデルの修正ができますし、映像クリップの視点を手に入れると、プレー中に望ましいプレーをより具体的に想像し、どの筋肉をどう使えばいいかも想像できるようになります。内部モデルの修正には映像クリップ、それが今後常識になっていくでしょうし、それを補助する人工知能も登場してくるでしょう。恩塚さんの神業に頼らなくても、様々な角度からプレーをとり個々人の映像を切り出し、その最適化のためのアドバイスを自動生成する仕組みが出来てくるかもしれません。

恩塚さんのもうひとつの素晴らしい点は、「なんのために」という問いかけを繰り返し、その問いが選手に内在化するのを目指している点です。フォームやプレー、ポジショニングを可視化するだけではなく、現在から未来へ、その時間の流れる中で自分がどう変わっていくか、何を目指していくか、それを可視化していく。今の自分を俯瞰《ふかん》的に見るだけではなく、未来への時間の流れを俯瞰していく、それが自発性をうむ根源なのかもしれません。

主体性育む
ボトムアップ

サッカー

畑喜美夫

（広島県立安芸南高校サッカー部監督）

「いいねえ。
マニュアルの先にあるものがいいねえ。
畑先生が正しいとは限らないね。
想定外のプレーをしてくれた瞬間が、
一番嬉しいよ。
指導者冥利に尽きるね」

はた・きみお

1965年広島県生まれ。U17、U20日本代表に選ばれる。順天堂大学卒業後は廿日市西高校を経て1997年に広島観音高校へ。選手の主体性を高めるボトムアップ式指導を駆使し06年に全国高校総体で初出場初優勝。11年より現職。『チームスポーツに学ぶボトムアップ理論』など著書多数。

MIZUNO

200人以上の犠牲者を出した2018年7月の西日本豪雨。なかでも被害が甚大だった広島市安芸地区に、畑喜美夫がサッカー部の監督を務める広島県立安芸南高校がある。

雨が激しくなり始めた日、同部の3年生だった重川紘輝は窓から見える川の水のうねりに目を見張った。

「まるで津波のよう。東日本大震災を思い出しました」

これはもしかしたら大変なことになるのではないか——。頭に浮かんだのは、熊本地震の際に自分たちの意思で募金集めをした当時の3年生の姿だった。今度は自分たちが被災した当事者になろうとしている。

「いま、やるべきことは何だろう」

何か手伝えないかと考え、ほかの部員らにSNS上で声をかけたら、サッカー部のグループラインで安芸区矢野に住む3年生からSOSが入った。自宅が床上浸水し、土砂が家の中に押し寄せたという。

部員5人とかけつけ被害の大きさを目の当たりにした重川は、「掃除隊」の結成を思いつく。

「周りの人で暇そうな人がいたら、招待お願いします！」

SNSでサッカー部の仲間に回したら、テニス部、陸上部、野球部、バスケットボール部と、部活生がどんどん名乗りを挙げてくれた。ついには他校のサッカー部員にも及び、最終的に約40名まで増えた。

「各自来られる時間に来てください！　持ち物は軍手、スコップなどです」

人手が足らない場所をSNSのメッセージ情報などで入手。どの地区に何時から、何人などと、担い手が一カ所に集中しないよう、効率的に行えるよう振り分けた。

地域の人たちから、安芸南高校へ次々とお礼の電話が届いた。

「サッカー部の生徒らが家を片付けてくれた。助かりました」


掃除隊結成の裏には、「ボトムアップ式」と呼ばれる指導があった。

「何をすべきか、何ができるか、常に自分で考えて動こう」

畑は、トップダウンではなく、部員が自分で考え自ら行動を起こせるようにするボトムアップ式指導法で知られる。平日の全体練習が週に2日という「時短部活」ながら、前任校の県立広島観音高校を監督就任7年で全国高校総体に導き、10年で優勝させた。

この指導をそのまま安芸南でも継続。最初の2年は出た大会すべて初戦負けだったが、6年で県で最下部のリーグからトップリーグに押し上げた。一度も県大会に行けなかったのに、ここ数年は常時県ベスト8に顔を出すほどになった。

2018年の全国高校選手権県大会も8強。準々決勝でPK負けした相手の瀬戸内高校が全国ベスト4入りしており、安芸南が徐々に力をつけてきたことがわかる。

「人をつくる」第二のノート

「非常時にこそ真価は試される。選手の主体性が、掃除隊につながった。サッカー部で日頃やってきたことが生きたと思う」

畑の言う「主体性」を生み出すツールのひとつが、2種類のノートだ。練習や試合を振り返り、次につなげるために考えたことなどを綴る「スキルノート」。もう一冊は、サッカー以外の近況報告が中心の「コミュニケーションノート」。生徒との交換日記のようなものだ。

オフの日にどう過ごしたかを書き残すほかに、週2回しかない全体練習以外で個人で行ったフリー練習の内容を書く。サッカーばかりではなく、「勉強」「最近の出来事」「感想」といった項目をつくって、振り返りをしやすいようにしてある。

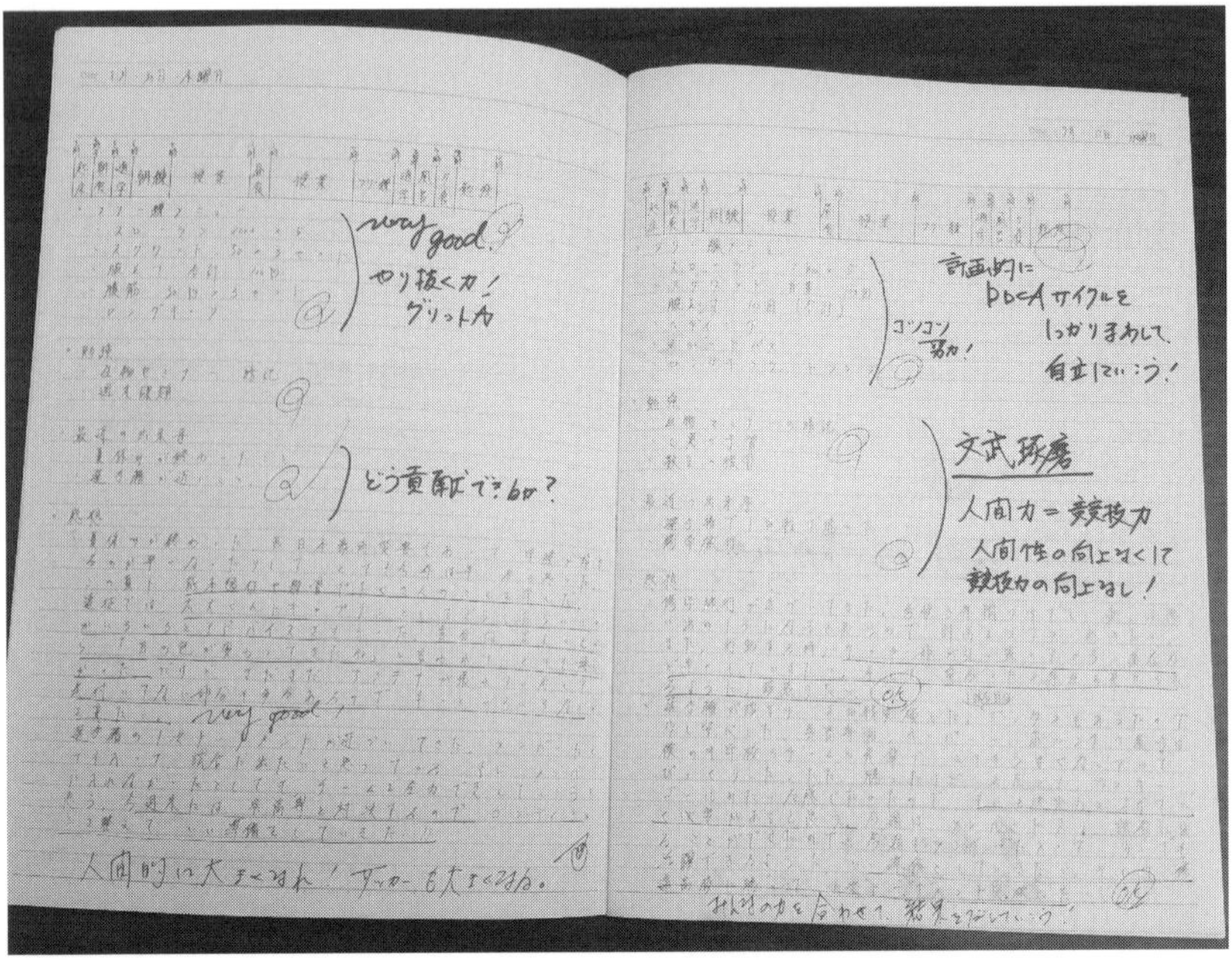

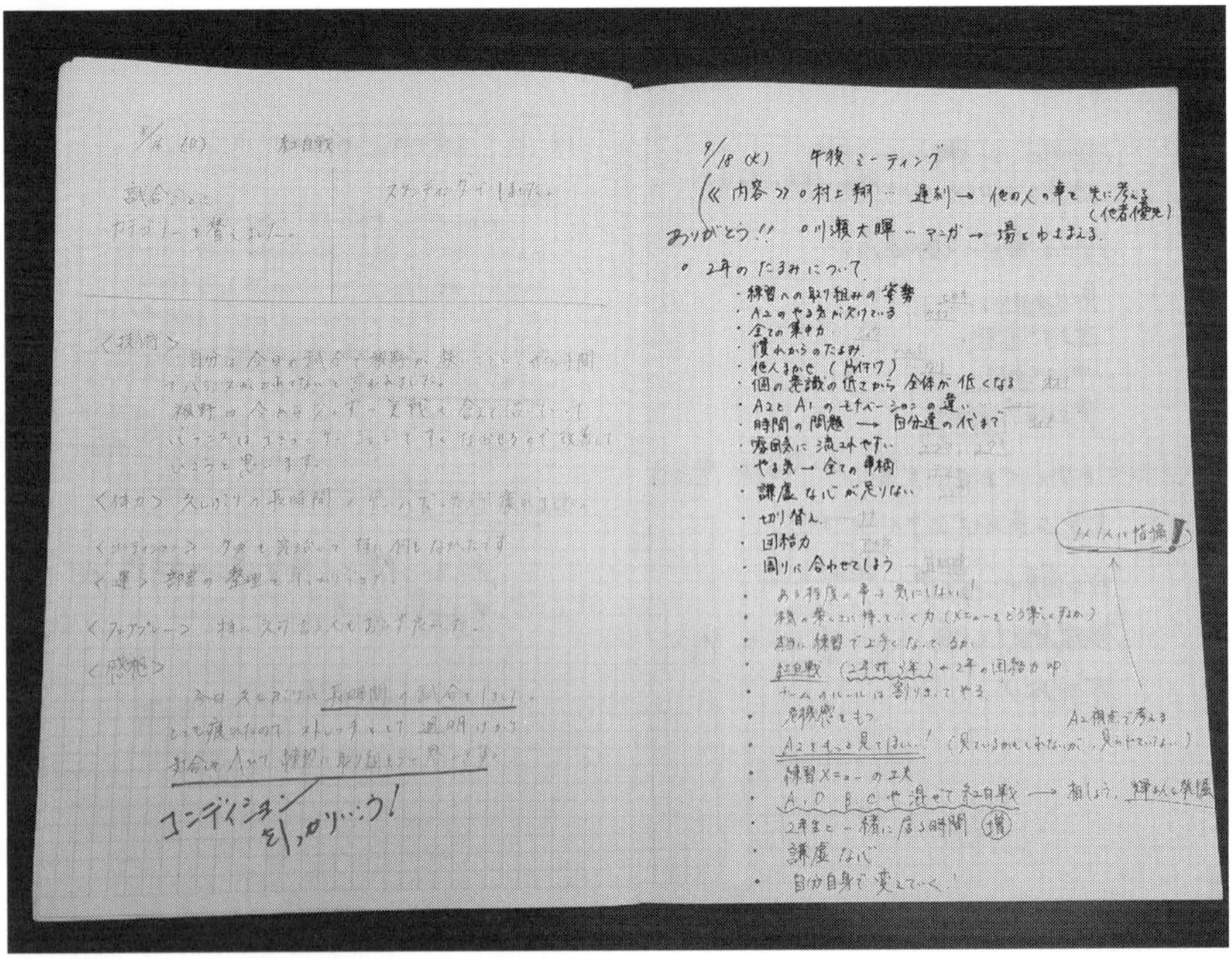

安芸南高校サッカー部員の「コミュニケーションノート」（上）と「スキルノート」（下）

コミュニケーションノートを取り入れたのは、スポーツで人間形成がしにくくなったと感じたからだ。以前はスポーツをやれば、ほっといても思いやりを持てて、正義感のある子どもが育ったという。

「ところが、今はサッカーが上手ければいいという方向になりがちです。そうではないことをわかってもらうためには、もっとコミュニケーションをとらなければと考えました。ノートは生徒が僕に本音で話せる場所だし、こちらも口で言えないことを伝えられます」

第二のノートは人をつくる場所なのだ。

サッカーの技術を磨くスキルノートにも工夫をほどこしてある。ここでも生徒が振り返りやすいよう、技術・体力・コンディション・運・フェアプレー・感想と、6つの「キーワード」がある。

例えば、取材当時2年生のボランチ浅野隼士はこんなふうに書いている。

〈技術〉今日の試合で、視野が狭いことと、ボランチ間でバランスが取れていないと言われた。視野は（練習や）実戦も含めてなおしていく。バランスは（もう一人のボランチとの）コミュニケーションですぐなおせるので改善していく。

〈体力〉久しぶりの長時間のゲームだったので疲れた

〈コンディション〉　ケガも完治して、特に何もなかった
〈運〉　部屋の整理をしっかりできた
〈フェアプレー〉　特に（審判に）文句を言う人もおらず良かった
〈感想〉　ストレッチをして週明けから気合を入れて練習に取り組もうと思う

ラグビー日本代表が振り返りに用いるフレーミングとは意味合いは少し異なるが、見るべき点をカテゴライズしてある。

6つの項目のうち、感想を除いた5つは、畑いわく「サッカーで大事な要素を抜き出したもの」。技術、体力、コンディションの三つは、どのチームも当然のようにフォーカスしている。フェアプレーは、アスリートの人間形成には欠かせないファクターだ。

そして、ここに「運」を加えるのが面白い。

畑は考えた。

選手たちは試合に勝ちたい。当然なことだ。じゃあ、勝負を決するのは何だと考えたとき、力の差があって勝ち負けはつくが、最後は運もある。

「例えば、こぼれ球が目の前に落ちて決勝点を決めたとき、サッカーの神様がほほ笑んでくれたね、なんて言いますよね」

その運を引き寄せるものは何か。

「やはり、オフザピッチの部分だと思うんですよ」

そう話す畑監督は「一日24時間を、サッカー選手としてデザインしよう」と選手に伝える。

朝起きたら自分の布団を上げて、ベッドならば寝具を整え、身なりを整えてから学校に行く。練習の前日であれば、自分で練習着を用意して、シューズに泥がついていれば磨いて、雨で濡れていれば新聞紙をつめて乾かしておく。リュックに詰める着替えやすね当て、水筒の準備、手の爪が伸びていないかのチェック。それらを全部自分でできるようにする。まずはそこからサッカーは始まっていると伝えている。

そのようなサッカーに取り組む真摯な姿勢が運を呼ぶと考える。だから、試合会場でも、バッグやシューズなどを整理整頓する。

神様が見ている、というわけだ。

欧米などキリスト教の国では、サッカーの指導者が選手に直接「神が君を見ているよ」と話すそうだ。規則を破ったとき、真面目に取り組んでいないとき、コーチのこの言葉は何よりも選手の心を揺さぶる。

仏教徒が多いとはいえ、日本は無宗教に近い。けれど、苦しくなったとき「神様」と手を合わせる文化は残っている。多少の意味合いは違えども「サッカーの神様」は選手たちの心のよりどころになるだろう。

指導者冥利に尽きる「想定外」

畑は週の初めにノートを回収。80数名のノートを読み込み、感想を書く。

「心がけているのは、ハテナマークをつけること。どう思う？　どうしたらいいと思う？と問いかけて、生徒の思考を広げるのが狙いです。こちらが質問をしていると、子どもたちも質問を書いてきます。先生だったらどうしますか？　と。サッカーのスランプの話だったり、彼女にふられたあとのリカバリーについてだったり（笑）」

なるべく的確に短く返すようにしているが、ここぞという場合は1ページ書いてしまうこともあるという。

このように問いかけることで、選手は自分で考え始める。

もうひとつ、選手に主体的に動いてもらうには、指導者が極力指示命令をしないことだ。

「つい最近もそれを痛感した試合があったんですよ」

ある試合、安芸南が2対1でリードしたロスタイムのこと。敵陣に運んだボールが相手に当たってエンドラインから飛びだし、マイボールのコーナーキックになった。

「コーナー！」

ベンチにいた畑は、つい指示してしまった。逃げ切るには、ショートコーナーで味方に渡し、コーナーでボールをキープし続けるのが常とう手段だ。

ところが。選手らはショートコーナーでボールを受けると、ピッチ中央から相手ゴールに攻め込むではないか。

コーナーでキープと読んだ相手選手のほとんどが片方のサイドに集まったため、まるで道ができたようにスペースがあった。

教え子たちは、そこを見逃さなかったのだ。

ど真ん中から、ノーマークで放ったシュートがダメ押しゴールに。3対1で快勝した。

「いいねえ。マニュアルの先にあるものがいいねえ。畑先生の言うことが正しいとは限らないね！」

半ば自虐的なコメントを発する畑を前に、選手たちは「心から嬉しそうだった」と畑は振り返る。

「想定外のプレーをしてくれた瞬間が、一番嬉しい。指導者冥利に尽きますね。それを引き出すのが（指導者の）役目だと思うし、それを味わいたくてやっているようなものですから」

もし、畑がボトムアップではなくトップダウンで指導するコーチであれば、その場面で「コーナー」と言えば生徒は従ったに違いない。であれば、相手の裏をかくクリエイティブなプレーは決して生まれない。

畑がつい「コーナー」と言ったとしても、安芸南の選手は「その通りやらなくては」とは思っていない。仮に言った通りにしなかったため同点になったとしても、畑が選手を叱ることはまずない。それを誰よりも理解しているのは選手たちなのだ。

また、試合までのプロセスにおいても、彼らの主体性は磨かれる。

安芸南では、大会によっては畑がトップダウンで指揮を執る場合と、選手が、メンバーから戦術、スカウティングまですべて準備するものの2通りある。

「結果を見ると、さほど差はないんですよ。監督が準備をした場合と、選手に任せた場合と」

畑がサバサバと話すのは、エビデンスがあるからだ。過去に似た難易度のカップ戦を、畑がやったときは準優勝だったのに、選手に任せたら優勝してしまった。そんな例がいくつもあるというのだ。

２０１７年度は、２年生でトップのＧＫだった山口太一が、「選手監督をやってみたい」

と志願してきた。スカウティングや戦術の組み立てを、3年の中心選手とつくっていく。試合時は選手交代も彼が考える。ある選手のノートには「太一君の選手交代が絶妙だった」と書かれていた。

「今は海外のサッカーだって簡単に見られるし、戦術解説だってユーチューブや本などでいくらでも情報がある。結果がそんなに変わらないのであれば、選手たちにチャレンジさせたい」

監督である畑の仕事は、彼らの判断や方向性を精査すること。要は、チームのやろうとしているものとブレていないか、本質をついているかどうかを見守ることなのだ。

畑の話を聞いていると、彼自身が教えている選手たちを100%リスペクトしているし、その可能性を楽しみにしながら指導していることが伺える。生徒たちと、きわめて対等な関係性を築いていることがわかる。

ボトムアップのルーツとは

畑は観音高校に赴任してすぐに「平日週2回練習」を始めた。火曜と木曜に練習し、土日に大会や練習試合を入れた。前任者は毎日練習していたため「たった2日で何ができるんだ」と他校の指導者にはあきれられた。

「週に3回は休む。最初から徹底しました。雨が降っても休みです。もちろん、試合で勝つために頑張るのですが、トレーニングは量より質だという自負があった」

その自負は確かな裏付けから来たものだ。

畑自身のサッカーキャリアのスタートは広島大河フットボールクラブ。当時小学校教諭だった浜本敏勝は、当時から主体性を重んじる指導で木村和司ら20数名の日本代表を輩出した。

過度な指示命令のない浜本の指導を受けた畑は、小中と大河FCでのびのび育った。高校は静岡県の強豪、東海大学附属第一高校（現東海大学付属静岡翔洋高校）へ。その後、順天堂大学へと進みサッカーキャリアを積んだ。

畑によると、大河FCと順大は、量より質の練習で主体性を重んじる指導と同じカラーだった。が、東海大一のみが当時の高校サッカーにありがちな質より量のスパルタだったという。

ところが、恩師でもある東海大一監督だった望月保次は、畑の卒業後から「量より質」に変えた。遠征や練習試合を年間150から50と、3分の一に減らした。これが奏功したのか、畑が卒業して3年後には選手が自由に動く創造的なサッカーで日本一になった。

澤登正朗、大嶽直人ら後の日本代表クラスを擁したとはいえ、「畑たちの学年のほうが力量は上だった」と望月本人も述懐している。

1年生が3年生の分の洗濯をするなどの悪い習慣を、畑たちの代でやめさせたら、それを下の学年が継いでくれた。それによって生まれた上下関係のないフラットで自由な空気。選手を酷使しない質の高い練習。

強くなるための条件が見えたような気がした。畑は順大でも、練習メニューやメンバー決めを自分たちでやる文化をつくった。順大は彼らの代から4年連続で日本一に輝いた。

こうした経験をもとに、畑はボトムアップ式を生み出した。

「教員になってからコーチ留学したドイツなどの欧州でも、コーチはボトムアップ式の指導だった。トレーニングも週2回。自分は間違ってないと自信になりましたね」

ノートも観音高校からすでに行っていた。小学校から大河ＦＣで浜本から指導され、サッカーノートを書いていた自身の経験がもとになっている。

「続けていくと生徒との距離が縮まるし、こちらにとっても学びになる。生徒たちのそのときの調子や心の動き、サッカーへの理解がどんなふうなのかなど、目に見えないことがノートにあぶり出される気がします」

きっとこうだろう、こう考えているだろうと予測していたことが、ノートに書かれた内容を見ると、実は見立てと違うことがたくさんあった。

シューズやバッグをきれいに並べる習慣も、観音高校時代から行ってきた。「整理整頓は準備だ」と伝えてきた。練習や試合でいいプレーをするためには、いい準備は欠かせないと考えるからだ。

「こころを整えながらピッチに立つという意味で、例えば練習のスタートになる部室はすごく大事な場所になる。試合に来たのなら、会場のロッカールームで整理整頓をするわけです」

そうすると、「サッカーの神様はきれい好きなんだよ」といった言葉も説得力を持つ。

「そういった習慣がつくと、日頃からラインを整えることにもつながるので、選手間のパスミスやポジションミスも減ってくる」と畑は言う。

本当に厳しい指導者とは

思えば、技術・戦術・体力を鍛える指導方法は論じられてきたが、フェアプレー、モチベーションといった部分の指導はなかなか確立されないままだった。

「サッカー選手のインテリジェンスは、自ら動きだす自発性や主体性といった目に見えな

遠征先でバッグやシューズを整然と揃えるのが同校の文化（上）ノートを見せてくれた中村隼（左）と浅野隼士。

い力だと思いますね」

そう語る畑は、安芸南でボトムアップ式指導をさらに進化させている。練習試合の後に戦った相手校とやる「感想戦」は同校で始めた。

最初は、チーム内で紅白試合でやった際、ハーフタイムにお互いに「良かった点」「まずかった点」「修正点」などを言い合ったのが始まりだ。例えば、守備陣が攻撃陣に「あの場面はこっちも慌てたけれど、真ん中にいってくれたので助かった。逆サイドに振られたら止められないと思う」などと実感を伴うアドバイスをする。

そのうち対戦相手とやり始めたら、取材に来ていた記者から「将棋の感想戦ですね」と称され、そう呼ぶようになった。

「いいところ、悪いところを教え合うと互いに育つ。対戦相手が自分たちのことを教えてくれます。お互いにウインウインになるわけです」

ここ数年は、ボトムアップ式は全国を席巻し始めた。安芸南高校に、サッカー部の見学で訪れる人がひきも切らない。多くは中学、高校の運動部活動にかかわる指導者や生徒たち。サッカーに限らず、ラグビー、野球、バスケットボールと多岐にわたる。

一方で、選手に選択権を与える指導に対し、「選手に勝手にやらせると甘くなる」とか「勝負へのこだわりが薄れる」と危惧する指導者もいる。その多くが自らを「厳しいコーチ」

と考えている。要するに、厳しくすることは「大人が子どもをきつく管理する」というイメージのようだ。厳しいことは悪いことではない。しかし、彼らの「厳しさの物差し」は多くの場合、圧迫する強度やトレーニングの強度だ。

当然ながら、畑はそうではない。

広島観音高校時代の全国高校選手権準決勝で、ディフェンスラインがずるずると下がっていたが、それを「自分たちで気づくまで、何も言わなかった」と言う。その試合は敗れたが、ベンチにいた選手も畑同様「ライン上げろ」と声をかけなかった。徹底したボトムアップの姿勢が貫かれていた。

厳しさの質が圧倒的に違うのだ。これからの指導者は、言う通りにやることを要求する厳しさではなく、主体的、自発的に取り組むことを求める厳しさに転換するべきだ。

その意味で、畑は非常に厳しい指導者と言えるだろう。

成長できるかどうか上達論的視点で考える

安芸南高校サッカー部のコミュニケーションノートは、24時間の過ごし方の項目もあり、生徒にとってはセルフマネージメントの役割も果たしています。

また、「A2（Aチームのサブ）をもっと見てほしい」と監督への要求もさらっと書かれていて、意見すると監督に叱られるといった心配が何もないことが伺えます。

2冊も書くのは大変かもしれませんが、そもそも言葉にしないと考えは前に進みません。書くことで、客観視でき反省が明確化出来ます。畑さんは、自ら考える訓練をするためにノートをツールにするのですが、そのことで生徒への理解が深まったり、自身の言語能力も鍛えられるという利点もあります。

ボトムアップ式指導は、安易に答えを言わない。指摘しない。気づくのを待つといった姿勢から、すべてを「上達論」的視点で考えているのだとわかります。つまり、よくあるのは監督さんが、勝つために必要なことをその都度選手に授けるわけですが、畑さんは

「その試合で成長できるかどうか」に重きを置いているようです。

恐らく、指示して勝たせる腕もあるはずです。でも、サッカーを通して考える力を育てたい。極端に言えば、そのコンセプトはたとえ全国大会の準決勝であろうが、決勝であろうともぶれることはないのでしょう。

勝負論的には選手のお尻を叩けばいいじゃないか、ということになるかもしれません。ただ、高校生はいわば育成年代。ここがゴールではありません。特に、相手に対応し、自分で判断しなくてはならないサッカーという競技は、プレー時の判断スピードを上げる必要があります。

であれば、普段から「選択する」トレーニングをしなくてはいけません。ささっと選ぶ癖をつけておく。普段の生活が指示待ちで何も考えずに生活しているのに、サッカーのときだけ自分でサクサク判断することはできません。脳が反応できないからです。

つまりは練習や練習試合で監督のサイドコーチングで動いている

チームは、本番の試合で周囲に観客がいて監督の声も届かない状態では本来の力を出し切れません。

たとえ、監督が指示できる状況だったとしても、同じです。

例えば、監督が「サイドに行け」と指示したとします。監督のなかでは、いくつかのパターンがあって、そこから選択しているのでご自身で納得して指示しています。しかし、選手は監督の脳内は見えないので、選択肢は共有できません。

「サイド？」と腹落ちしないままドリブルすることになります。その都度状況が目まぐるしく変わるサッカーは、主体性や自発性を高める必要があります。

ただし、スポーツがすべてサッカーと同じ脳の使い方をするかと言えばそうではありません。練習でやってきたことをその通りに表現していくフィギュアスケートや、シンクロナイズドスイミングなどのスポーツでは、その場その場で、脳のワーキングメモリーを使う必要はありません。

未来をつくる「ケガノート」

アスレティックトレーナー
海野祐生
（元サンウルブズ／静岡聖光学院中・高等部ラグビー部）

「これを1週間やってね、と教える。
で、リハビリメニューをノートに書く。
きちんとやった体かどうかは、
判断できる。損をするのは自分自身。
ラグビーが上手くても、
オフザグラウンドで判断される」

うんの・ゆうき

1980年、静岡県生まれ。静岡聖光学院高校から順天堂大学を経て浜松医療学院。卒業後に「スポーツ堂接骨院城北院」を開院。ラグビー男子U18、20日本代表、女子日本代表トレーナー、サンウルブズではアシスタントトレーナーを務めた。静岡聖光学院中・高等部ラグビー部トレーナー。元静岡医療学園専門学校非常勤講師。

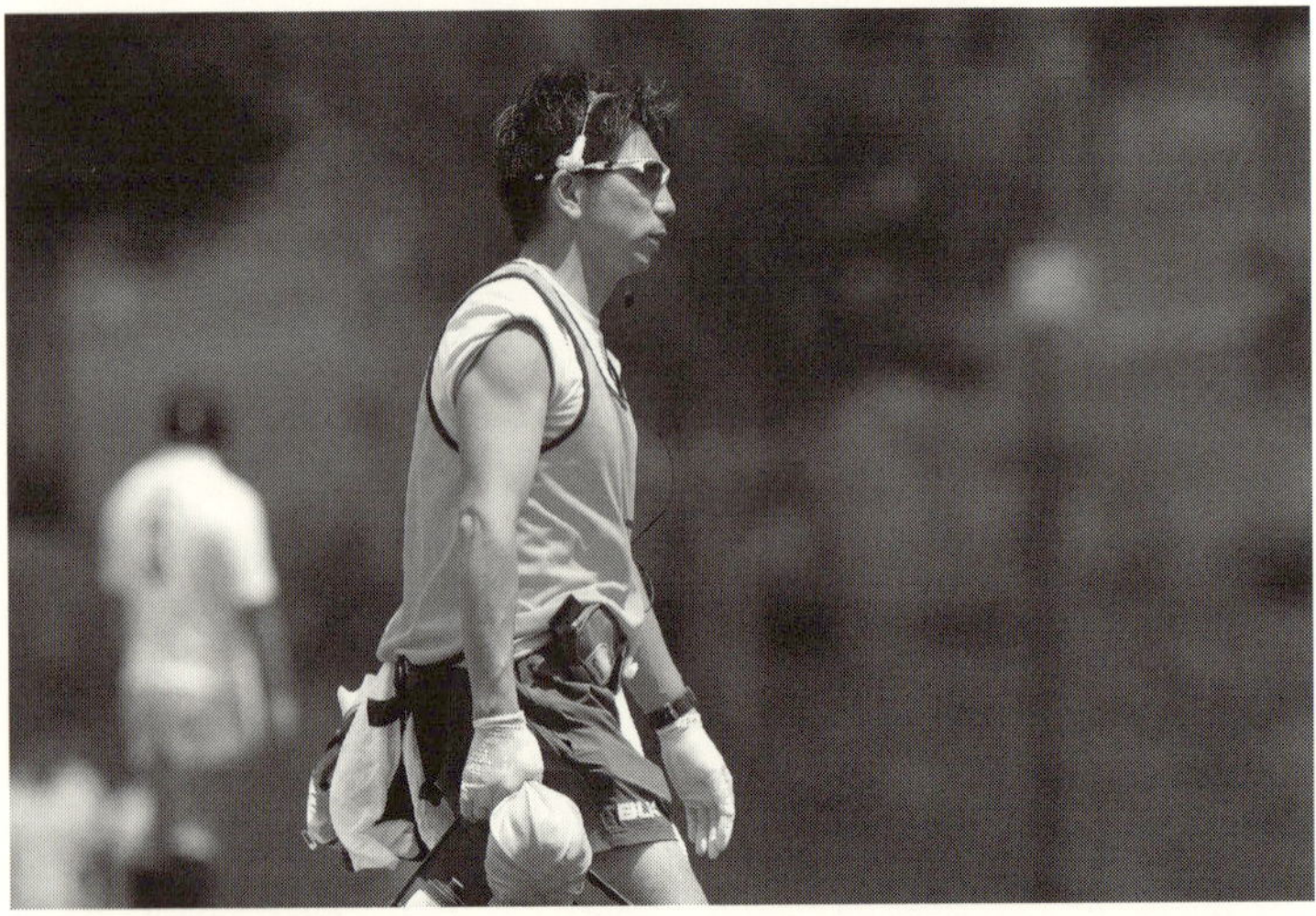

サンウルブズでの活動経験を持つ（海野氏提供）

静岡県の高校ラグビー部すべてに、アスレティックトレーナー（以下トレーナー）が配備されているのをご存知だろうか。

米国では多くの高校にトレーナーが数名在籍して運動部の生徒たちをサポートしているが、日本ではそのようなシステムがなかなか確立されない。運動部活動中に生徒がケガをしたときや故障した際のサポート体制が問題視されるなか動いたのが、スーパーラグビーに参戦する日本唯一のプロチーム「サンウルブズ」でアシスタントアスレティックトレーナーの経験を持つ海野祐生だ。

静岡聖光学院中・高等部ラグビー部のトレーナーを務める海野は、自身が指導していた静岡医療学園専門学校の学生をラグビー部に派遣する「トレーナーサポート」を思いつく。

「他校の様子を見ていると、トレーナーの役割を専門でやっている人はほとんどいませんでした。ケガをしやすいラグビーは、ケガをしてすぐの対処や、リカバリーするまでのケアが選手の競技人生に影響を及ぼしかねない。なんとかしなくてはと思いました」

一方で、トレーナーを目指す専門学校生に、卒業して現場につくまで実際にケガ人に対応する機会がほぼ皆無であることも気になっていた。実習の授業はあるものの、学生同士がケガ人に見立て行うためリアルな体験ができないからだ。

２０１３年、まずは専門学校側に学生派遣の了解をもらった。そして、自身が在籍する静岡聖光学院のように専門のトレーナーがすでにいた学校を除いた県内の高校ラグビー部10校すべてに自分から説明をして歩いた。

「トレーナー？　テーピングのテープは俺が巻くから大丈夫だ」と断ってきた顧問もいたが、海野は練習試合などで会うたびに粘り強く必要性を訴えた。努力の甲斐あって、徐々にトレーナーの受け入れは広がる。18年には9校になった。東海4県のラグビー高校選抜チームの遠征や合宿、東海地方で行われる大会にもトレーナーを派遣している。

「みなさん花園を目指しているのだから、言うなれば僕はライバル校のトレーナーです。それなのに、先生たちは僕の話に耳を傾け、賛同して受け入れてくれた。心から感謝しています。試合になれば、勝った負けたはありますが、静岡でラグビーを盛り上げていこうよという思いは共有できているのかなと思います」

そう話す海野によると、派遣されたトレーナーが、ラグビー部以外の運動部の選手をサポートしたり、テープを巻いてあげることもある。

「トレーナーは、（ケガの多い）ラグビー選手をみてから、サッカーやバスケなどほかの競技の選手をみると、ある意味自信を持ってやれるはず。試合でグラウンドにトレーナーが入れるのはラグビーだけなので、一緒に戦っている感覚も出てくる。これはすごく大事なこと。それと、ケガをした直後の選手の状態をみられるので勉強になると思います」

生徒をメディカル的な立場からサポートしてもらえる学校と、現場経験を積めるトレーナー。両者はＷＩＮＷＩＮの関係を結べるのだ。

「ケガノート」でこころが見える

海野が２００２年からトレーナーを務める静岡聖光学院では、すべての選手が「ケガノート」を持っている。ラグビーノートに、このケガノート。加えて「一人一役ノート」といってそれぞれが担う役割について記録するものを含めると、各自３種類のノートを書いているわけだ。

ケガノートには、ケガをした際の様子、故障が発覚した日のことなどを克明に書き記す。何をしていて、どうなったのか。どこが痛いのか。どんな応急処置がなされたのか。その後の治療プラン、リハビリプランとともに、グラウンド復帰まで何をしたのかを記録する。記録を重ねていけば、同じ部位に似たようなケガをしたときの参考になるうえ、自分自身のケガの傾向も見えてくる。

リハビリメニューなどノートに書いたことを真面目にやったかどうかは、海野たちにはすぐにわかる。

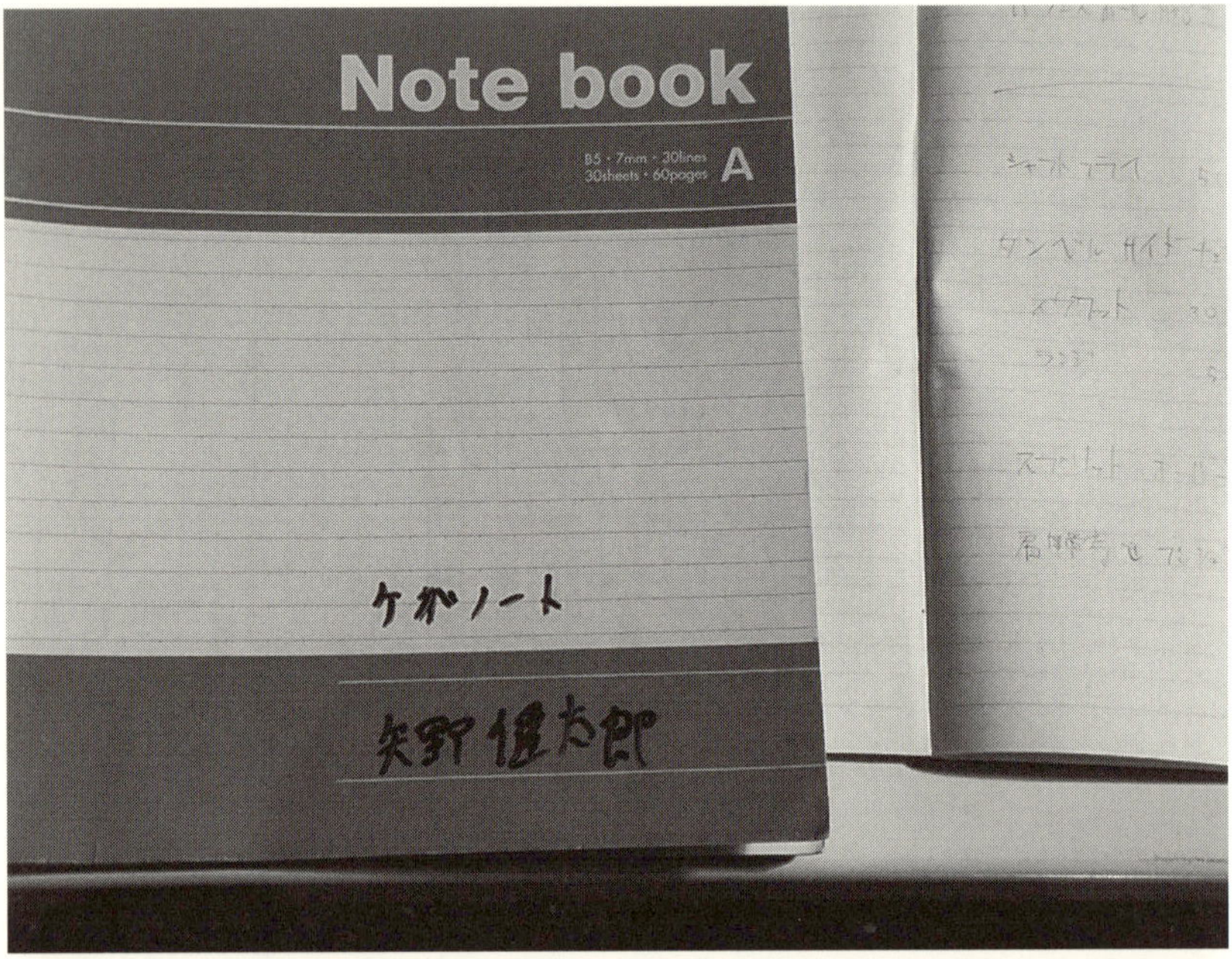

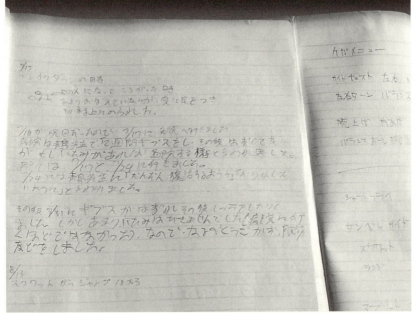

静岡聖光学院高校ラグビー部員の「ケガノート」。ケガをしたときの状況や、痛みをいつどの程度感じたかなどを書き込み、トレーナーと共有する。

「これを1週間やっておいてね、と教えますよね。で、ノートに書く。リハビリをきちんとやっていなかった体かどうかは判断できます。それで損をするのは自分自身。残念だね。試合に間に合わなかったね、と。いくらポテンシャルが高くても、ラグビーが上手くても、オフザグラウンドの部分ができないとダメなんです」

ケガをしたときこそ、生徒の性格や心の状態が見えてくる。腐らずやるのか、投げやりになるのか。それは「ケガノート」の内容に現われる。誰からも注目されないリハビリを、自分に嘘をつくことなく継続できるのかどうか。

監督の佐々木陽平はこう言い切る。

「海野さんには全幅の信頼を置いています。だから、(海野と)選手についてのさまざまな情報を共有するし、僕らに話さないことを海野さんに言うこともありますね。特にケガの多い選手にとってトレーナーはメンターのような役割も果たしてくれているんでしょう」

自分で体の手入れができていなかった場合は、技術があっても試合には出さない。「この価値観もスタッフ全員が共有している」と佐々木は言う。

同部は現副校長でU17、18日本代表監督を歴任した星野明宏が監督だった1990年代から「時短部活」を実践してきた。平日の活動は夕方5時30分に終了。1時間半しか練習しない。

夏休みも同様だ。6泊7日の菅平合宿以外は全体の活動をしない。2018年の夏休み期間の活動は8日間のみだった。それ以外の30数日は「主体的に活動する期間」になる。休業前に個々で目標ややろうとすることを書き込んだ「やり遂げシート」を、毎年のように作成。それをチェックしながら過ごす。

「工夫して取り組んだり、決めたことをやり切った生徒は、夏休み明けに急成長していますね」と佐々木は目を細める。

脱ブラック部活に貢献するトレーナー

この佐々木、実は2016年に練習メニューや公式戦メンバーまで決めてしまうボトムアップ式で知られる広島県立安芸南高校サッカー部の練習を見学に行った。本書（P123〜）で紹介しているこの指導法に衝撃を受けた。

「部員に考えさせるといって私もそうですがつい教え込んでしまう人が多いので、畑先生に対しても懐疑的だった。でも、本当に何も言わない。選手が互いに的確にアドバイスし合っていた。これはボトムアップをうちの部でも取り入れるべきだと考えました」

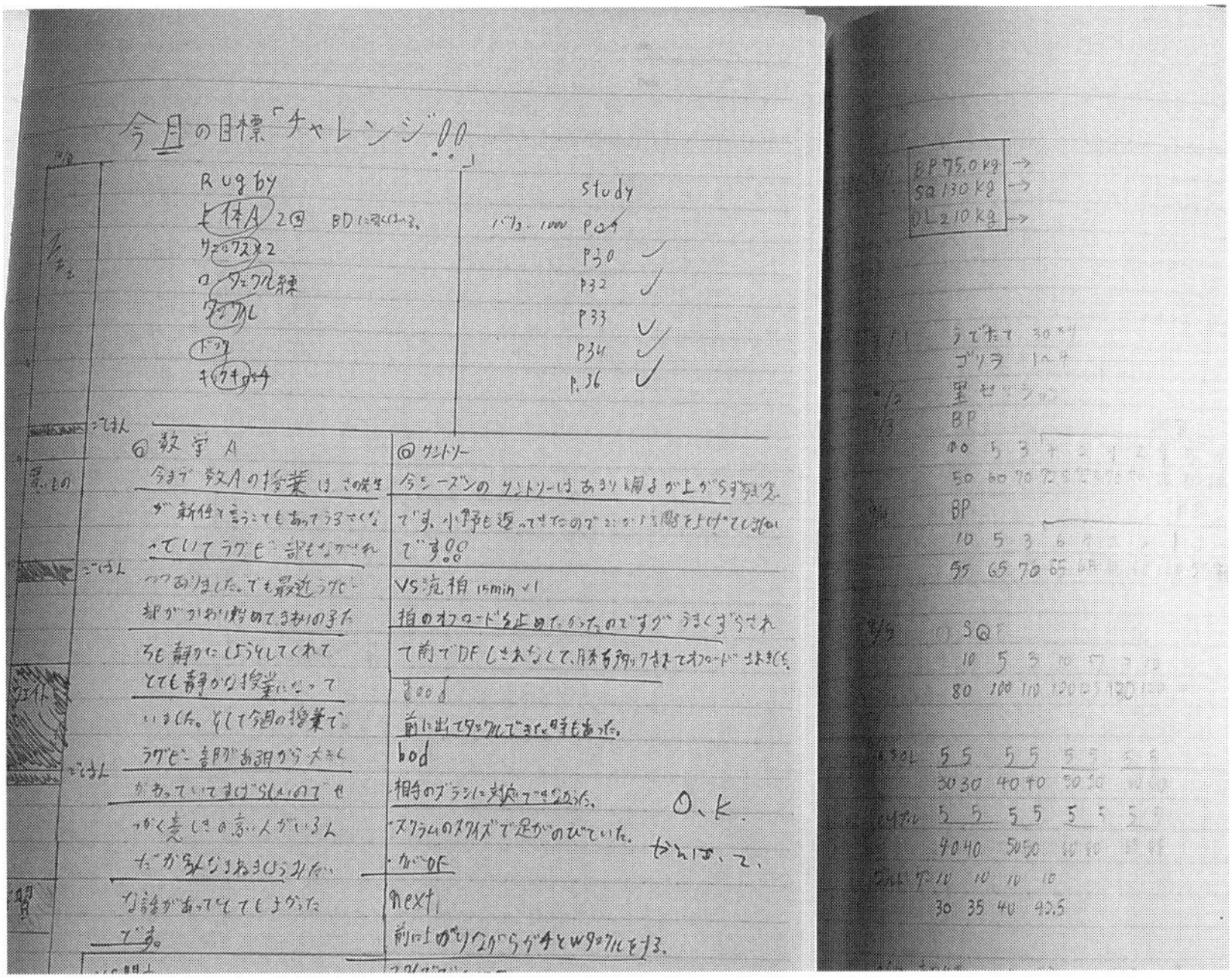

静岡聖光学院高校ラグビー部の「成し遂げシート」。目標とするゴール設定をし、そのために何をするのか詳しいロードマップをつくって、自己確認するもの。自分自身を客観視するのに有効だ。

17年夏には生徒だけで視察へ。

「自分たちで主体的に取り組む部活をもっと知りたい。学びたい」と生徒らが言い出し、18年9月には主体的に取り組む部を全国から集り、同校で「部活動サミット」を開催した。クラウドファンディングで来訪する学校の交通費など資金を募り6つの学校が集結。「目指せ！脱ブラック部活」と題した同サミットは、スポーツ庁からも視察に訪れるほど注目された。

そして、11月上旬に行われた全国大会県予選決勝。佐々木監督はハーフタイムの円陣に加わらず、選手だけで話して快勝し、3年ぶり5度目の花園出場を決めた。

このように生徒の主体性を育む静岡聖光学院の取り組みは、近年問題視される指導者の暴力・暴言や理不尽な指導が生徒を苦しめる「ブラック部活」とは対岸にある。

海野は「トレーナーが選手のコンディショニングにアプローチすることで、脱ブラック部活に貢献できるのではないか」と期待を込める。科学的な根拠のない長時間練習と、生徒を追い詰める圧迫指導が見え隠れする学校に限って「ケガ人がすごく多いように見える」からだ。

選手の健康第一であるトレーナーが、選手の健康より勝利を優先しがちなブラック部活を抑制する存在になるかもしれない。

最古の部活ノート
（番外編）

松商学園高等学校 野球

「新しい部員心得20条ができて、
全員がひとつの方向を向けた。
野球への向き合い方が変わった。
部員心得でもっとも画期的だと思うのは
試合に勝てとは、
ひと言も書かれていないことだ」

まっしょうがくえん

1913年創部。中島治康（元巨人監督）を擁した28年夏の甲子園大会で優勝。24年夏、26年春、91年春は準優勝。主なＯＢに川村一明（元西武など）、柳沢裕一（元巨人、中日など）、上田佳範（元日本ハム、中日など）など。18年ドラフト３位で直江大輔投手が巨人に入団した。

内野手の心得
足を投げる方向に向けて
ゴロを捕る場のかまえ

NOTE BOOK
NO 3
野球ノート
Superior Note Book
野球
日誌
1953
SUPERIOR—NOTEBOOK
野球
日誌
1953

松商学園の部内日誌は「最古の野球ノート」といわれる。1953年から2年間在籍した部員が自宅に保管していたもの。49年に監督に就任した胡桃沢清が作成した15条からなる「部員心得」があり、部員らはそれを練習前に暗証するなどしていた。

現在指揮をとる足立修が就任してすぐの2014年、部内の不祥事で対外試合禁止処分を受けた際、「一度足元を見直そう」（足立）と部員らで話し合い新しい心得をつくることに。「すべてのことにありがとう」など条項を5つ増やし20条にした。

その年、新チームになった秋季大会。県大会で優勝し、北信越大会では準優勝を果たす。翌春の選抜大会に24年ぶりに選ばれた。3年後には夏の甲子園大会に9年ぶりに出場、27年ぶりの勝利を手にした。部内日誌は「奇跡の野球ノート」と呼ばれた。

「選手はそれまでも頑張っていたと思うが、自分たちの20条ができて、全員がひとつの方向を向けた気がします。野球への向き合い方が変わったと感じた」

そう明かす足立が画期的だと思うのは「試合に勝てとはひと言も書かれていないこと」だという。夏の甲子園100回中36回出場と、県予選突破が至上命題になりがちだ。

「それだけにとらわれない人間教育をしていきたい。部員にはいつも人生の縮小版が野球だと話している。僕も野球からいろんなことを教わった。良い人材を育てること。それが部内日誌を書き残した先輩の意を酌むことになるでしょう」と足立は力を込めた。

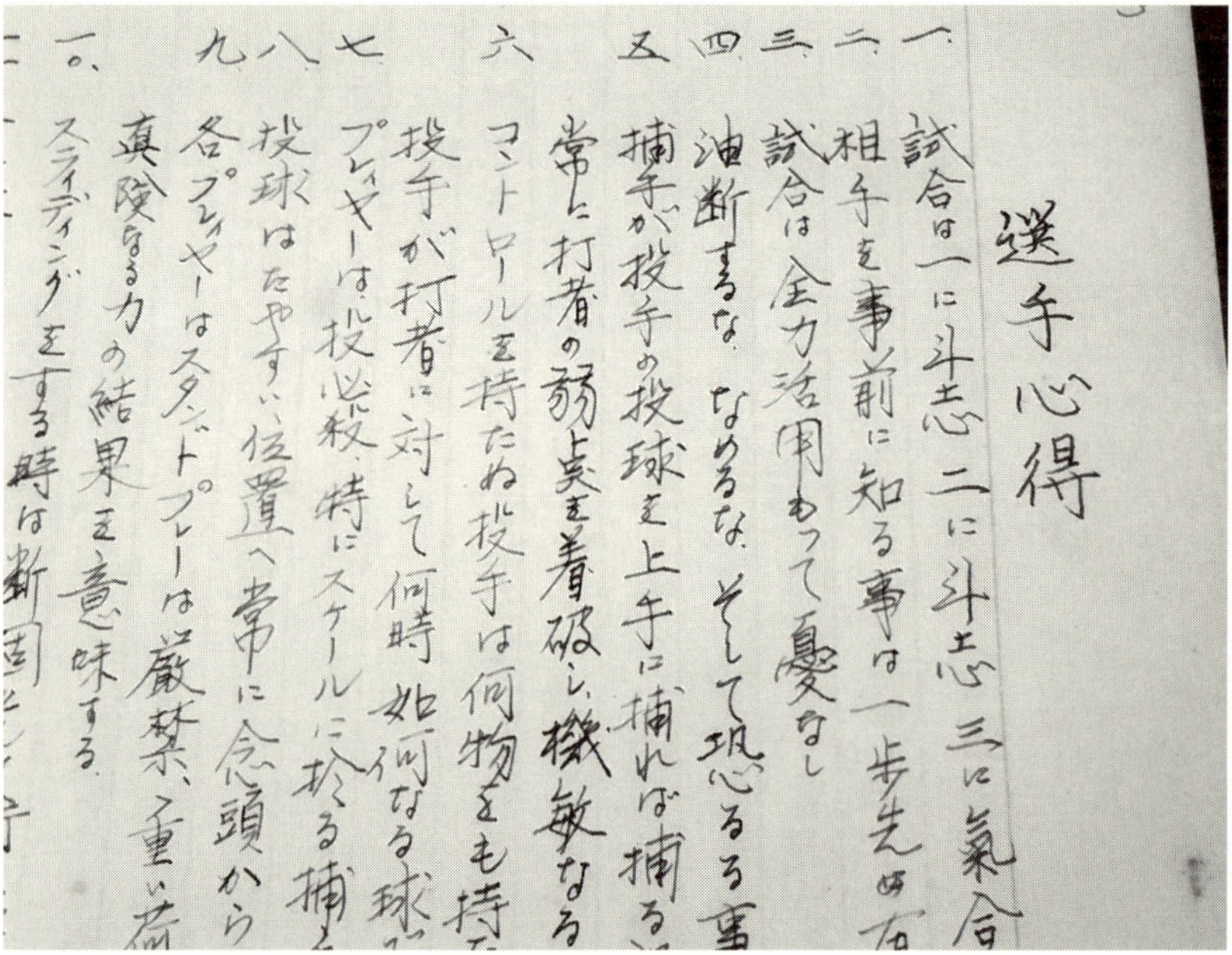

選手心得
一、試合は一に斗志 二に斗志 三に氣合
二、相手を事前に知る事は一歩先の有
三、試合は全力活用もって憂なし
四、油断するな なめるな そして恐るる事
五、捕手が投手の投球を上手に捕れば捕る
常に打者の弱点を着破し機敏なる
六、コントロールを持たぬ投手は何物をも持
投手が打者に対して何時如何なる球
七、プレイヤーは必殺、時にスケールに於る捕
八、投球はたやすい位置へ常に念頭から
九、各プレイヤーはスタンドプレーは厳禁、重い荷
一〇、真険なる力の結果を意味する。
スライディングをする時は断固

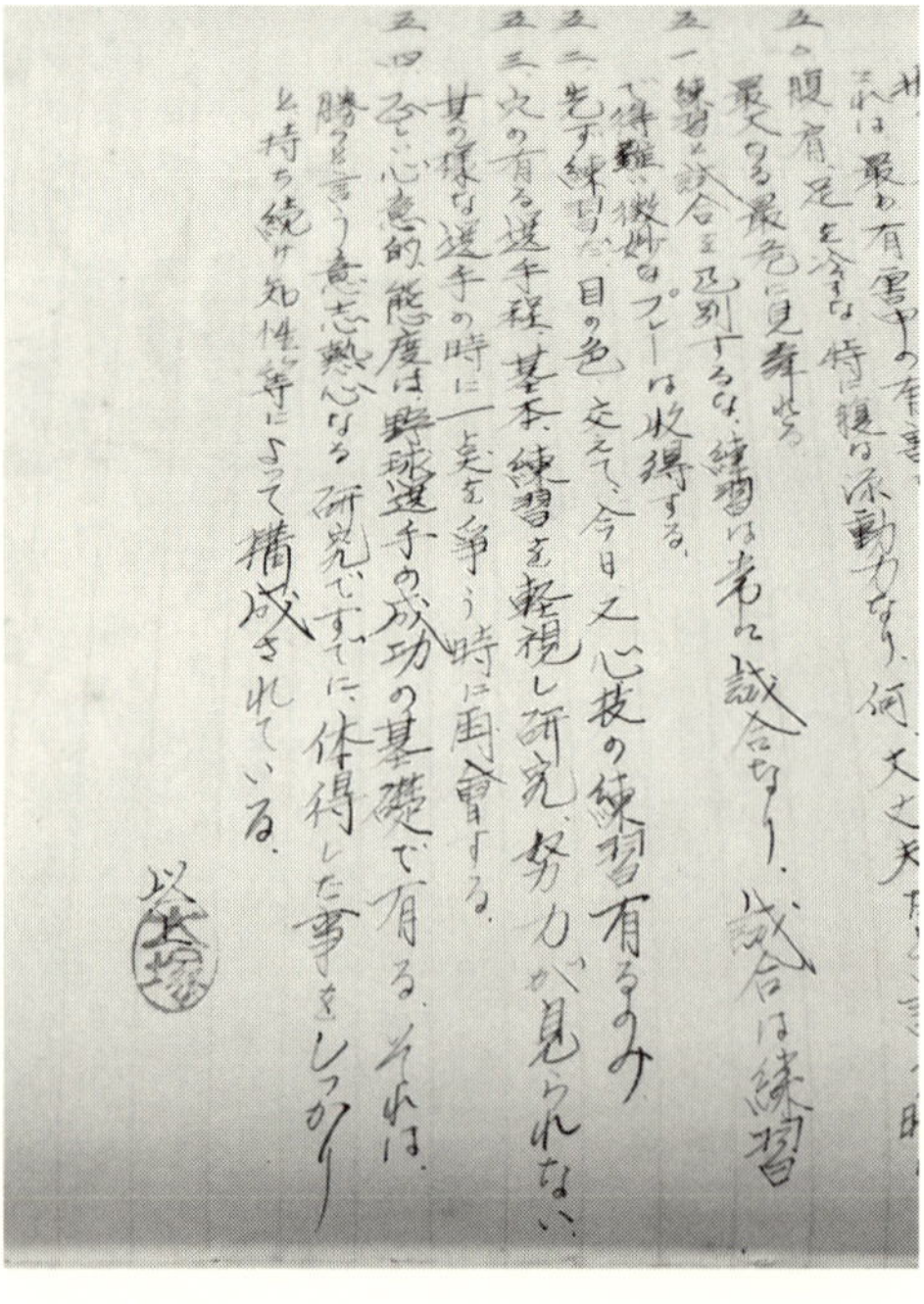

松商学園野球部の「部員心得」以外に、ノートの持ち主が書き連ねた「選手心得」。4ページに渡って書かれており、54条にもなる。「試合は全力活用もって憂いなし」など本質をついたものばかりだ。

第2章

指導者から見た「アスリートのインテリジェンス」

テニス

柏井正樹

（島根県松江市グリーンテニススクール／カシワイテニスサービス代表）

かしわい・まさき

1960年、島根県出身。小学3年時にクローン病を発症。やや病弱でスポーツと縁のない少年時代に。高校は文芸部で趣味は読書。大学のテニスサークルで競技生活をスタートし、スクールで指導経験を積んだ後、91年自身のスクールを開設。大学から初心者でテニスを始めた稀なプロコーチ。

「3日も獲物にありつけなくて、
おなかをペコペコに
空かせた豹（ひょう）が
兎（うさぎ）に襲い掛かるときのように。
そんなイメージを頭に
浮かべてみよう」

イメージを共有する力

自身が運営するグリーンテニススクールで子どもたちを指導する（柏井氏提供）

コーチの知性は「共有する力」

「3日も獲物にありつけなくて、おなかをペコペコに空かせた豹（ひょう）が兎（うさぎ）に襲い掛かるときのように」

錦織圭を5歳から13歳まで8年間指導した柏井正樹は、小中学生にテニスの基本姿勢（ボールを打つ前の構え）をこんなふうに説明する。

脚にバネが溜まった状態で、瞬時にパワーが出せる。そんな理想的な姿勢をイメージさせるためだ。つまり、〝映像〟を言語化する。

さらにイメージをわかりやすくするために、もうひと工夫をほどこす。子どもに「瀕死の豹」と「若くて元気な豹」になったつもりで、ひとつのボールの争奪戦をしてもらうのだ。

他の子はそれを見て、姿勢の重要性がわかるし、やった本人たちもそれを実感する。

「瀕死の豹を演じる子どもはフラフラしてて、若くて元気な豹はすぐにボールを奪ってガッツポーズとかしちゃいますね」

にこやかに語る柏井は、筆者が20数年間取材した指導者のなかでも際立つ「言葉の達人」だ。

それは難しい言葉を駆使するとか、名言を吐くわけではない。

アドバイスを選手がわかりやすいよう絶妙に言語化し、また100％伝わるよう工夫する。

「獲物に襲い掛かるヒョウ」のポーズは、錦織をはじめほとんどの選手がやらされた経験を持つ。豹がどんな動物なのかイメージが湧かない子はトラやライオンになってもらったり、おもちゃを狙う猫に変身させる。

指導者はえてして、「すぐに間に合う準備が大事なんだよ」などと、教える側の論理から出てきた言葉をダイレクトに伝えがちだ。だが、グランドスラムにあと一歩まで近づいた錦織を育てた柏井は、やはり他者と異なる。

「こういった一見無駄そうなこと、知らない人が見たらアホちゃうか？　と思うようなことに、練習のかなりの時間を費やしていますね」

この作業を、柏井は「言葉のイメージの共有化」と表現する。

「伝える」「伝授する」「理解させる」といった表現をしないところが、ひと味違うところだ。一方的に押し付けるような指導ではない感覚を持ちたいと考える柏井の言葉のセンスであり、言語化する能力なのだろう。

「コーチのインテリジェンスのひとつは、選手と共有できる力だと思いますね」

このイメージの共有は、日本一とか中国大会優勝など目指す「目標」といった大義的なものから、ひとつのプレーを「こんなふうにやってみよう」という細かなものまで、教える側と選手とが同じイメージを持つことが重要だという。

もうひとつ、例を挙げよう。

柏井は実戦練習の際に「イエス」「ノー」のふたつの言葉をよく使う。

「今は、イエスだから攻めた。でも、打ち方はノーでしょう。せっかくチャンスボールがきてイエスだったのに、入り方を間違えたからノーになるよね。どうやればイエスだったの？」

つまり、この前のボールで相手を揺さぶれたから、いいボールが返ってきた。ところが、気がはやって入り込み過ぎて決定打のはずがミスになった、ということだ。

また、ボールを打つ際の距離感。柏井が「近すぎる」と言えば、それは左右の距離感を指す。前後の場合は「早い・遅い」になる。限られた練習時間のなかで上達させるため、また、本人が試合中に自分を立て直すことを考えても短い言葉で課題解決できたほうがいい。

これは卓球の早田ひなが代表監督の馬場美香に言われる「（言葉を）もっと短く」に似たものだろう。

柏井は「選手がわかっていない目つきをしていれば」左右と前後を何度も説明する。選手には日頃から「会話をするときは目を見て」と指導してある。柏井自身が理解しているか否かを「眼の光」で見極めているからだ。

「感覚や感情は一番伝えにくい。それって、学校や家庭生活のなかでも同じじゃないですか。落ち着けよ、とか、冷静になれとか言っても、どうやったら落ち着くかがわからないと選手も困る。そこを言葉で説明していくわけです」

例えば、ラケットのガット（網目）をさわって深呼吸するようにと伝える。２０１９年1月に全豪オープンを制した大坂なおみは、そうやって自分を落ち着かせたと言われる。

「一番大事なことは選手との関係性。〝一緒に〟という感覚をもたないと」

一緒に、の感覚こそが、柏井が持つ「共有する力」の発露だろう。

選手が持っているものがあって、そこに何を積み上げていくか。その選手がどこを目指して行けるのかを感じられて、なおかつそれを二人で共有することができることが重要だと柏井は言う。

「コーチが感じられても、それを選手と共有することができなければ選手は動きません。共有していれば、もしかしたらある程度言いくるめることができる。そんなことが、コーチのインテリジェンスだと思いますね」

〝勝負〟があると本気になった錦織圭

柏井が選手に求めるのは、こんなイメージだ。

自己主張ができる。
自信を持てる。
自信が無くなったときに、回復できる。
「いま、自信がない」と、まわりやコーチに明かすことができる。ひとりで抱え込まない。

つまり「成長し続ける力」にもなるわけだが、そのためには選手にも「共有する力」が求められる。

「選手は自分で自分をアピールして、まずはコーチとの時間を共有しなくてはなりません」と柏井は強調する。アピールするとは、どういうことか。

テニスはご存知のように個人競技だ。が、プロになってコーチを雇えるような身分にならない限りは、多くの時間が集団レッスンになる。例えばコーチはひとりで、一度に10人と時間を共有したとしても、視線と言葉は共有できない。十人十色、状況も課題も違う。

限られた時間のなかで10人全員を相手にはできない。一時的に9人は放置されるわけだ。

そこで柏井は「自分からアピールして共有しろ」と発破《はっぱ》をかける。コーチにどんどん質問すればいいのだと話す。

「こうしてみたけど、よくわかりません」

質問1回目は「今、忙しい」。2回目は「ああ、待ってて」。でも、3回目を言われると、どんなコーチでも目を向ける。だから、アピールし続けないとダメだ――。そう話す。

やはり、アピール力のない子は上にあがれませんか？

「だって、自分を出せないけど強い、なんていうやつはいない。強い選手の条件でしょ」

県選抜、ブロック選抜、日本代表。カテゴリーが上がって行けば、所属以外のコーチからも指導を受ける。ただ待っているだけでは、成長する糧は手に入らない。

「ある選手が自分はベスト8に入りたいと思ったとする。でも、今は18番目くらいだと。じゃあ、順位を10個上げるために何をするか。試合はもちろん、練習も生活も変えなくちゃいけない。何か変えないと上にあがれない。でも、自己決定して練習の量や質を変えていない。それがほとんどでしょう」

そのなかで抜け出していく選手は、何が違うのか。

その違いがインテリジェンスだと、柏井は言う。

「自分や周囲を俯瞰できて、どうすれば思い通りの状況にもっていけるかを考えられる。そして、そのために行動を起こせる。そのためなら我慢もできる。そういう感覚と行動力。これは指導者でも同じですが」

錦織にも、そんなインテリジェンスがあった。

「彼は面白くないことは本気でやらなかった。そこに〝勝負〟がないと色めき立たないんですすね（笑）」

柏井はそんな特徴を錦織と〝共有〟していたので、なるべくゲーム性のある練習を提供した。ただ、錦織の凄いのは、さまざまなことを勝負事にするセンスがあったこと。試合でもなく、ポイントもついていないけれど、自分より上手い選手に食いついていこうとするときは、勝負するときの眼だった。

「このボールが返せん、悔しい、頑張る、みたいな。それはポイントがついていなくても、自分の〝悔しい感〟とか〝できた感（達成感）〟があればやりますよね」

自分のなかに勝負をつくって、楽しむ。伸びる人間の、究極のインテリジェンスである。

何かを生み出すのは知性

卓球

前原正浩

（国際卓球連盟副会長／日本卓球協会副会長）

「今の選手は、自分で考えて創造する力を身につけている。
コーチの言うことをハイハイと聞くだけでは上達できませんから。
自分の状態を明確にコーチに説明する、言語化できる知性が必要」

まえはら・まさひろ

1953年東京都生まれ。明治大学を卒業後、協和醗酵工業（現協和発酵キリン）に所属し、81年全日本選手権男子シングルス優勝。日本代表としても活躍。現役引退後はソウル、アトランタ、シドニーの五輪3大会で日本代表監督。91年にJOC在外研修員として英国にある国際卓球連盟へ派遣。

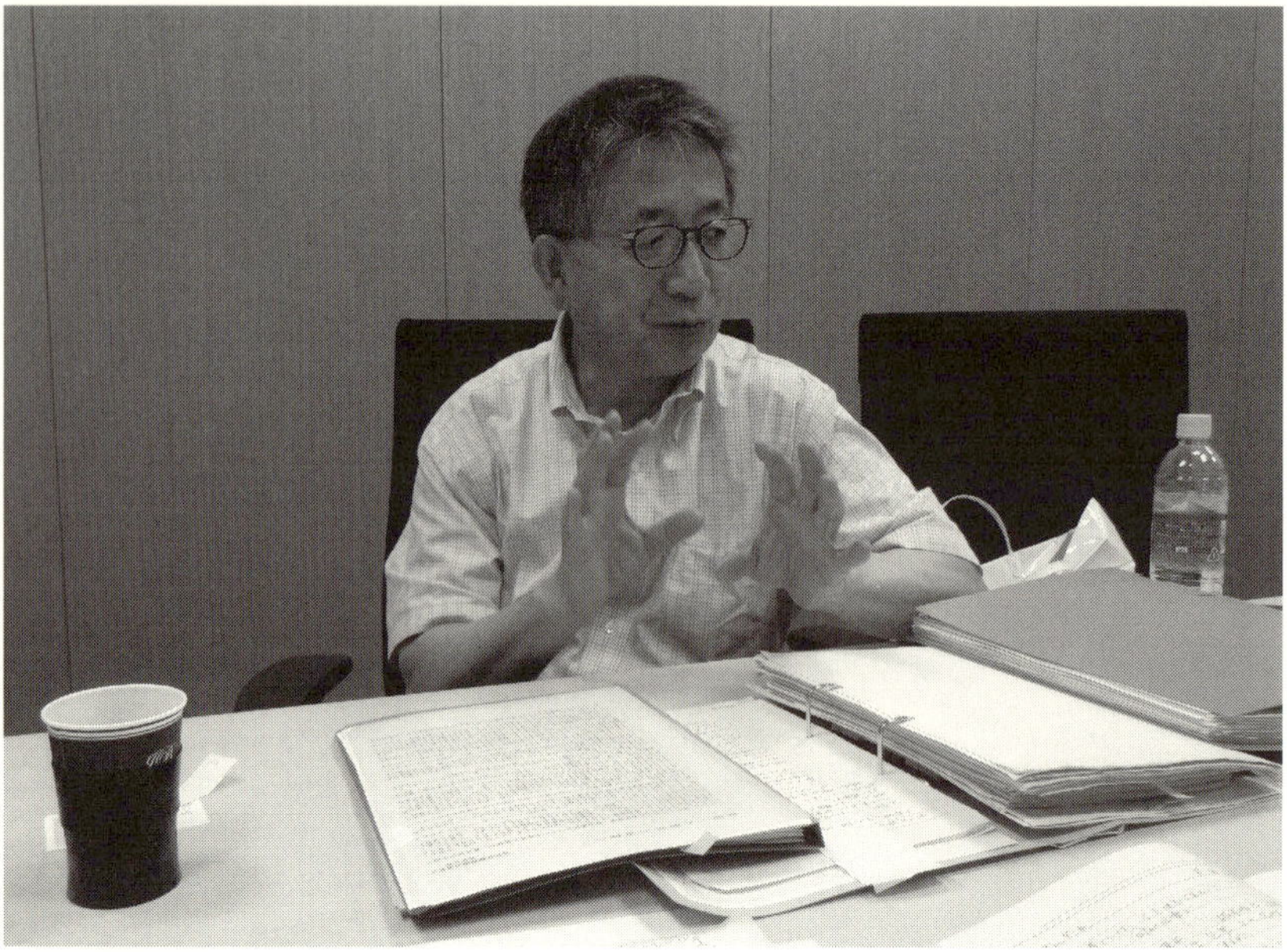

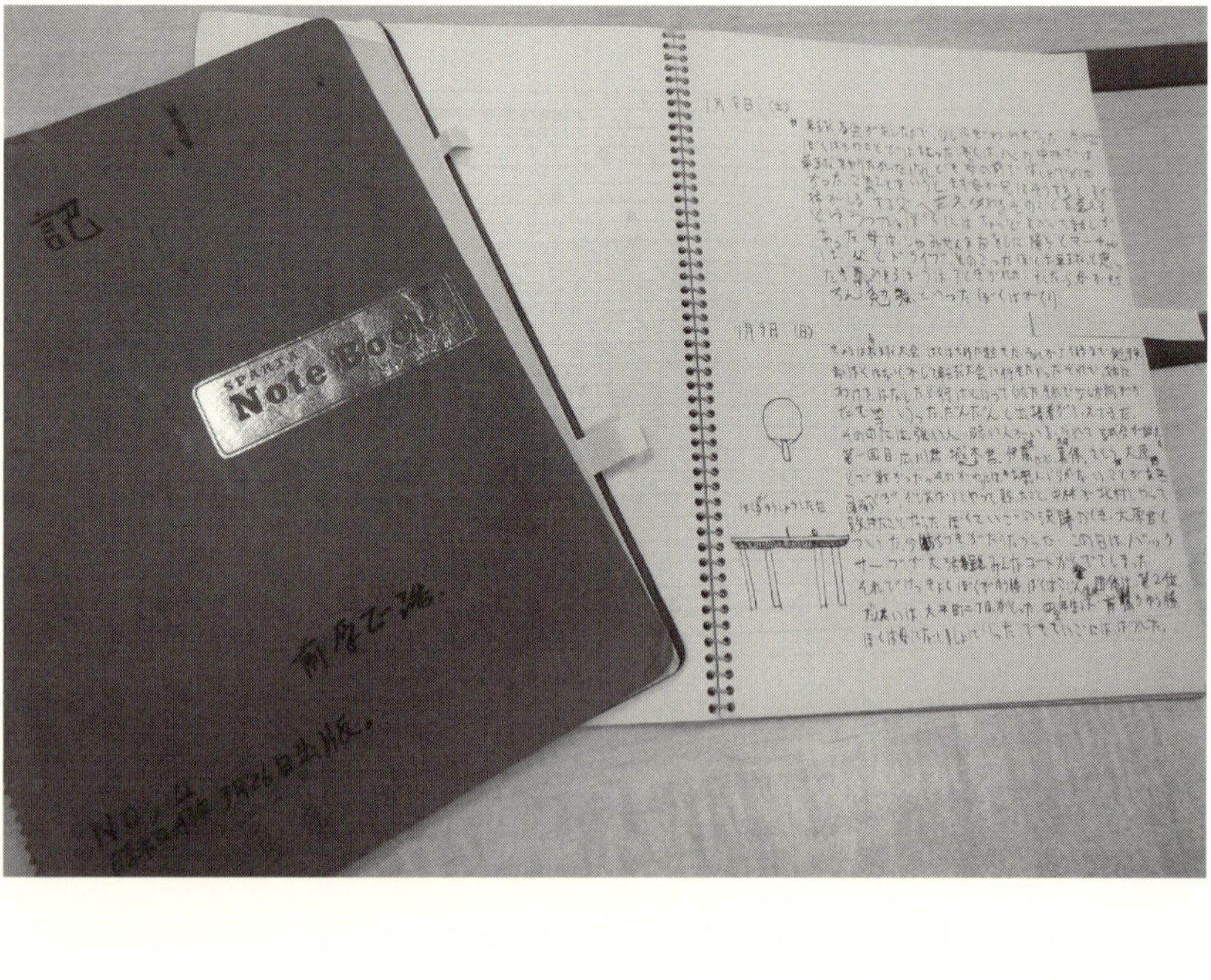
SPARTA
Note Book

荻村伊智朗のインテリジェンス論

前原さん、アスリートのインテリジェンスって何でしょうね？

「荻村さんはこう言ってたなあ」

前原正浩は、今は亡き恩師との貴重なやりとりを明かしてくれた。

世界卓球選手権で合わせて12個の金メダルを獲得。世界で「ミスター・テーブルテニス」と呼ばれた荻村伊智朗から突然尋ねられた。現役を引退し、男子の日本代表監督に就いた前後のことだ。

「前原、インテリジェンスとはどういうものだ？」

二重の大きな瞳にのぞき込まれた前原は、緊張した面持ちで答えた。

「知性……でしょうか」

「では、知性とは何だ？」

「頭の賢さとか……。まあ、その、物事に対してしっかり判断できる力でしょうか」

荻村は、こう説明してくれた。

「アメリカでは、インテリジェンスというのは、何もないところに突然おかれたとき、さあて、ここからどうするか？　と、自分で考え何かを生み出す力を言うんだ」

すなわち、創造する、考えること。インテリジェンスとは、何かを生み出す知性だと、前原は悟ったという。

１９８０年代。科学的トレーニングがまだ浸透しておらず、根性論がまだ根強かった日本のスポーツ界で、インテリジェンスの意味を言葉にできた人が荻村の他にいただろうか。

前原と荻村がそんな話をした１９８８年のソウル大会から、卓球は正式な五輪種目に加えられた。

ソウル五輪男子平泳ぎで金メダルを獲得した鈴木大地は、後にスポーツ庁長官に就任。柔道、レスリング、水泳、体操の４競技を「御四家」と名付ける。

そして、そこに割って入りそうな、もしくは「御五家」という表現に変わるかもと思わせるのが、近年大躍進を遂げている卓球だ。

半世紀前には男女とも世界チャンピオンを輩出しながら長年低迷した卓球ニッポン。そのＶ字回復を支えたひとりが、国際卓球連盟（ＩＴＴＦ）副会長で日本卓球協会副会長を務める前原だ。

２００１年の世界選手権大阪大会で、前原が監督を務めた男子団体は日本卓球史上最低の13位。どん底から、改革をスタートさせた。

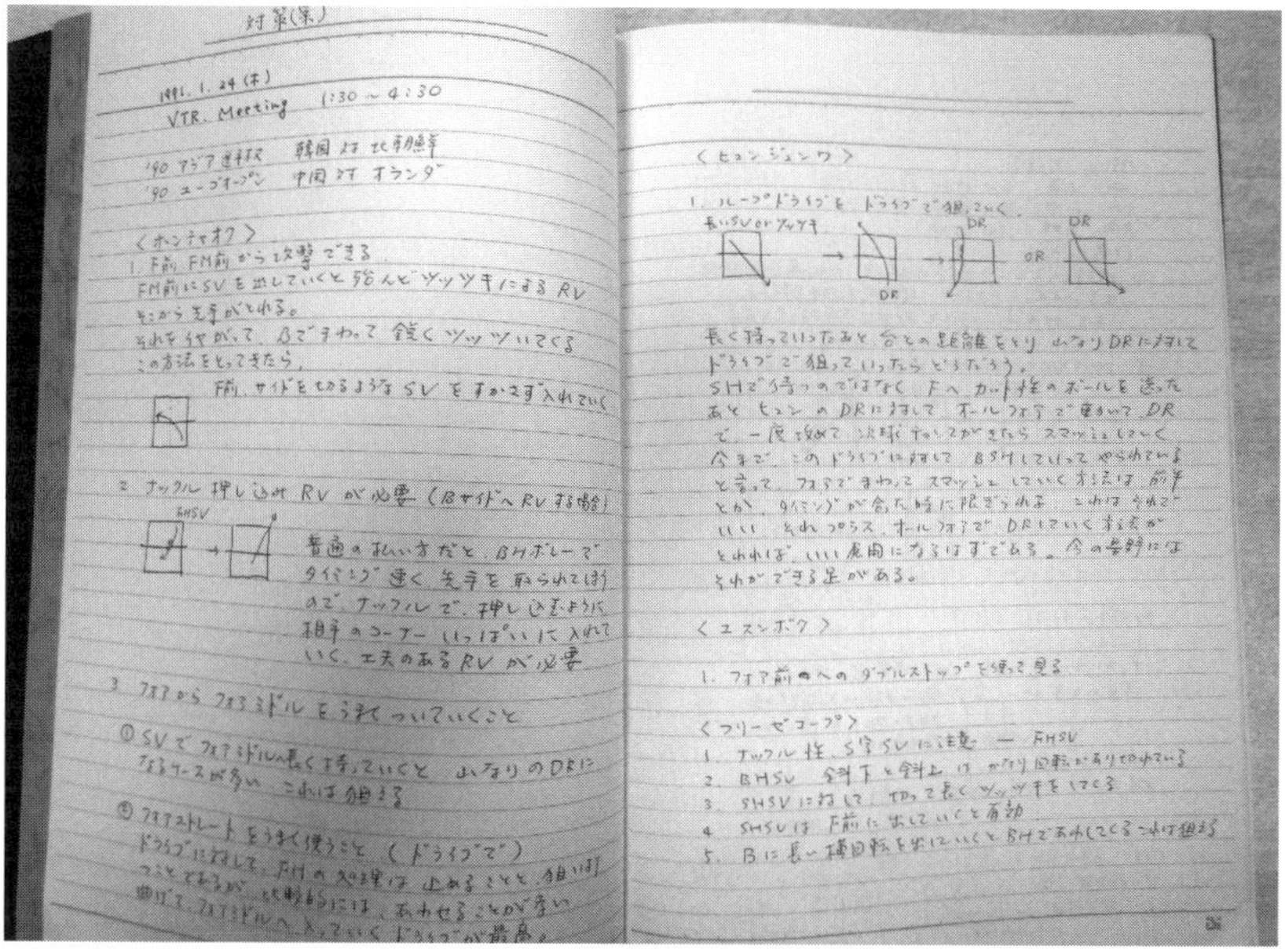
1991. 1. 24 (木)
VTR. Meeting 1:30 ~ 4:30
〈ヒョンジョンワ〉
〈フリーゼコープ〉

01年に初めて12歳以下のナショナルチームを創設。日本代表を頂点に、下部は小学生とピラミッド型の育成を目指した。当時プロ化を機に育成システムを構築したサッカーを手本にした。

全国から有望な小中学生と、彼らを指導するコーチや保護者をペアで参加させる「研修合宿」を行った。毎回、コーチらに新たな指導法を学んでもらった。小中高の全国大会などの監督会議にも出かけ、前原自ら伝達する講習会を行った。

地道な強化普及が功を奏し、日本スポーツ協会の公認スポーツ指導者の登録人数は、01年時の２３５３人から17年に３２１１人とほぼ１・５倍に増えた。それに合わせるように、トップの戦績も伸びていった。

12年ロンドン五輪で女子団体が銀、16年リオは女子団体銅、男子団体が銀。水谷隼（木下グループ）が男子シングルスで銅メダルと、初めて個人種目でメダルを獲得した。

18年のワールドツアー年間王者を決めるグランドファイナル男子シングルスで最年少Ｖを飾った張本智和（ＪＯＣエリートアカデミー）に水谷、グランドファイナル女子ダブルスを制した伊藤美誠と早田ひな、前年にアジア女王になった平野美宇（日本生命）など、個人種目のメダル候補がそろう。

「今の選手は、荻村さんのおっしゃるインテリジェンス、自分で考えて創造する力を身につけている。コーチの言うことをハイハイと聞くだけでは上達できませんから。自分の状態を明確にコーチに説明する、つまり言語化できる知性が必要です。もちろん（卓球の）勉強も。そうでなくてはコーチに意見できないでしょう」と前原は言う。

鉄は熱いうちに打て

ここでいう勉強とは「人生の勉強」だという。

例に挙げたひとりが水谷。武者修行のため、中学生でドイツに渡った。

「他人に言えない苦労をしたと思う。13歳や14歳で、言葉がわからず辞書を引いて苦労したかもしれない。恥ずかしくても周りの人にいろんなことを尋ねただろうし、時にはいじめもあったかもしれない」

世界でも卓球が盛んなドイツのリーグは、観客が2000人くらい入るような体育館で行われる。アウエー独特の空気にさらされてプレーするときもある。

「平常心を保つというか、セルフコントロールしなくちゃいけない。頼れるのは自分だけなんですから。そんなさまざまな経験からしか生まれない力もあると思う」

すなわち、それこそが、何もないところから自分の力で何かを生み出す力。荻村が前原に伝えた「インテリジェンス」だろう。

さまざまな経験を積んだ水谷の言葉には重みがある。

17年の世界選手権男子シングルスで、ひとまわり以上年下の張本に初めて敗れた際、悔しさをかみ殺しながらインタビューに答えた。

「僕はこれからもっと頑張って、彼の壁にならないといけない」

さらにSNSでも「彼のために自分がさらに強くならなければ」と思いを吐露した。日本の卓球界をずっと引っ張ってきた自負が言わせた「壁になる」宣言だった。

これには、前原も胸が熱くなったという。

「彼の言葉に重みがある。どうやったらあんな言葉が出てくるのかと感心した。自分がどう生きるべきか、何をすべきかを常に思考しているからこそ出てくるのかもしれないね」

前原によると、水谷は試合に負けたときでも、必ず相手の肩にそっと手をかけて握手をするという。

18年1月の全日本卓球男子シングルス。張本は水谷を破って初優勝を決めた瞬間、父親のいるベンチへ飛んで行ったが、前原はそのことを咎めはしなかった。コーチ陣に「今回は初めてだから仕方がないよ。でも、翌日からは日本チャンピオン。日本チャンピオン張本智和として、試合後はまず最初に相手と握手して健闘を称えあえる選手に育ててくれ」と話したそうだ。

道具が軽く、コンタクト系スポーツではない卓球は、比較的幼少期から始められる。水谷や張本のように早くから高い能力を発揮する選手は、実年齢よりもずっと高い「こころの成熟度」が求められる。

荻村は、小中学生によくこんな話をしたという。

「君たちはもう10年、卓球をしているよね。だから、〝10年選手〟なんだ。まだ14歳だから、とはならないんだよ」

4歳からやっていれば10年選手。卓球を続けてきた年月は「成長する年月」だと荻村さんはとらえていた。子どもだから、中学生だから、と甘やかされてはいけない。自己管理、周囲への振る舞い、マナーなど「アスリートとして成熟したものを持て」ということを説いていた。

その哲学は現在も受け継がれている。

18年にU12フランス代表の選手が来日。日本のホープス選手らと合同合宿をしたときのことだ。

日本対フランスで、一度にいくつもの台を使って交流戦を行った。それぞれ決着がついていったが、1コートだけ接戦になっていた。すでに終わった他の子どもたちは、固唾をのんで見守っていた。

最後に日本選手が勝利すると、フランスの選手がラケットをネットに向かってパーンとほおり投げた。

前原は（さて、ここでだれか注意するかな？）と事の行く末を見ていた。フランスのコーチは何も言わない。日本のコーチがその子を呼んで、諭すように話した。

その後、フランス卓球協会から「小学生の合宿をするので、日本のコーチを派遣してくれないか」と要請があったという。

前原は言う。

「選手は強くなると、態度やマナーについてあまり注意されなくなる。周囲が遠慮するのかもしれません。けれども、子どもの頃にきちんと教育をしなくてはいけないと思う。鉄は熱いうちに打て、ですね」

フランスの子どもがラケットを投げた場面を、日本の子どもが見たことは学びになったと前原は見る。

「良くない態度を実際に見て、子どもたちはいい気持ちはしなかったでしょう」

他人のふりみてわがふり直すといわれるが、決して簡単なことではない。勝ち負けがはっきりする、ある意味シビアなスポーツの世界で、選手がストレスを感じることは少なくない。勝てない自分に腹が立ったり、何かに当たりたくなる衝動にかられることもあるだろう。

だが、それを我慢してグッドマナーに徹しようとする姿勢は、試合でうまくいかない時間帯で感情的にならず、理性を持てる強い気持ちに直結するはずだ。

前述した研修にスライドを取り入れた前原は、子どもの自立心を養うことの重要性を話すときは、小学生の大会終了後大会本部に残された忘れ物の山の写真を見せるなど工夫した。

世界王座奪還へ、情熱の系譜を継ぐ

「グッドマナーな行動ができることも、選手の知性ですよね。アスリートのインテリジェンスというものは、非常に深い意味が盛り込まれていると感じます」

そう語る前原が、もうひとつ挙げた卓球選手のインテリジェンスは「ひらめき」だ。苦しいときに、どのボールを打つのか。

世界のトップに立つ選手は、本当に苦しい局面では、「相手が最も予想しない手」を打つのだという。相手が予想しないであろうと思われるサービスを探して使う。

しかし、使うには勇気がいる。

それまで使ってないボールなので、選手は堅くなることが多い。たとえ何十万回と練習したサービスであろうと、10対10の場面でそれができるかどうかが勝負を分ける。実力が拮抗した試合では、そんな「ひらめき」が三つ当たったら勝つのだそう。一度ひらめきがあたると、相手は戦法を変えなくてはならず対応に苦慮する。そのため、打つ手は、後手、後手となり敗れてしまう。

「ひらめきを行使するための勇気は、結局は何十万回と練習してきた自分を信じる力なんです」

日本のトップ選手のほとんどが、このひらめきの使い手だ。

では、指導者のインテリジェンスとは何か。

「指導者にとっては、選手以上に言葉の力が重要でしょうね。的確なアドバイスをしなくてはいけません。言語能力とか、語彙力が必要です」

この語彙力も荻村から学んだ。

前原は、遠征先で荻村から受け取ったファックスやメモのほとんどを今も保管している。海外遠征の度に受け取った感熱紙のファックスは、文字が消えてしまうためすぐにコピーした。
研修や協会内の勉強会では、必ずレコーダーを持参。荻村さんの話をテープに録音しては、自分で何時間もかけて文字に起こした。

「勉強会の席ではノートをとらず、そこではひたすら耳を傾けた。多くの言葉を荻村さんから学びました。もちろん、荻村さんのように流暢には話せないけどね」

亡くなるまでに録音したテープはまだ何本もある。カセットテープのままでは劣化してしまうため、音声データに変換。自身のパソコンに保管してある。

「荻村さんの言葉の力はすごかった。指導者の言葉力は、自分が何かを経験してきて初めて吐ける言葉でしょう。自分の引き出しに語彙力ないと、選手にタイミングよくアドバイスできない」

荻村からは「もう一度（世界の）頂点に立て」とよく言われた。
１９９４年12月４日。荻村は息を引き取った。享年62歳。

「前原、がんばれ。前原、がんばれ」

死の間際に、そうつぶやき続けたという。
インテリジェンスと、世界王座奪還への執念。
荻村から受け取ったバトンは、確実に次世代へ引き継がれる。

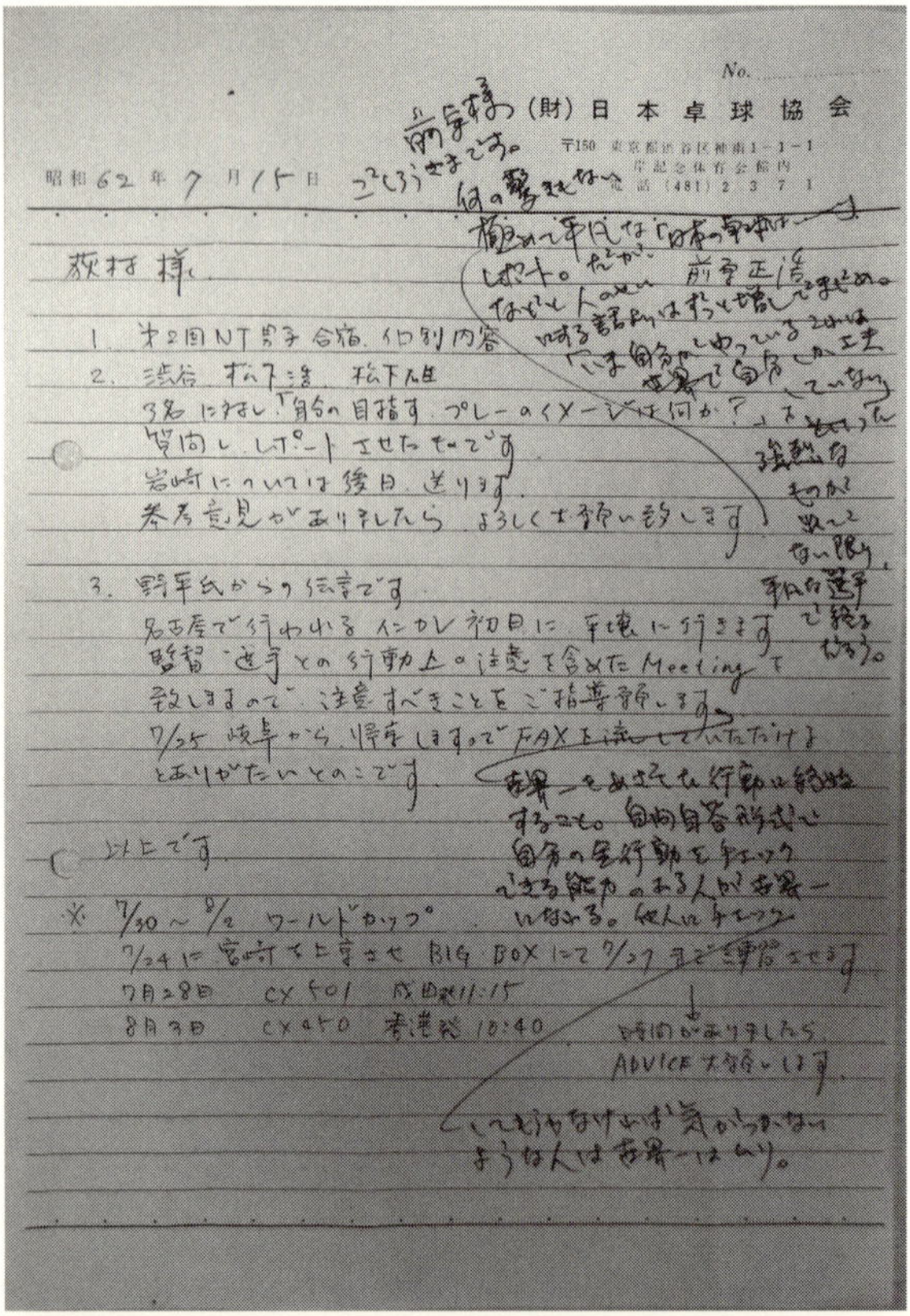

No.

(財) 日本卓球協会

〒150 東京都渋谷区神南1-1-1
岸記念体育会館内
電話 (481) 2 3 7 1

昭和62年7月15日

荻村様

1. 第2回NT男子合宿 但（?）別内容
2. 渋谷 松下浩 松下雄
3名に対し「自分の目指すプレーのイメージは何か？」と質問しレポートさせたものです
岩崎については後日送ります
参考意見がありましたら よろしくお願い致します
3. 野平氏からの伝言です
名古屋で行われるインカレ初日に、平塚に行きます
監督・選手との行動上の注意を含めたMeetingを致しますので、注意すべきことをご指導願います
7/25 岐阜から帰京しますのでFAXを流していただけるとありがたいとのことです

以上です

※ 7/30～8/2 ワールドカップ
7/24に岩崎を上京させBIG BOXにて7/27まで練習させます
7月28日 CX501 成田発11:15
8月3日 CX450 香港発10:40

前原様 ごくろうさまです。

時間がありましたら ADVICE お願いします。

1985年2月4日、ヨーロッパトップ12大会視察、スペイン・バルセロナにて。
左から野平孝雄氏（当時日本代表女子監督）、前原（当時日本代表選手兼コーチ）、
荻村伊智朗氏（当時日本卓球協会専務理事）

リスペクト
アザース

サッカー

池上正

（NPO法人I.K.O市原アカデミー代表）

いけがみ・ただし

1956年大阪府出身。大阪体育大学卒業後、大阪YMCAでサッカーを中心に幼年代や小学生を指導。ジェフ市原・千葉、京都サンガで、育成コーチや普及・育成部長などを歴任。2017年よりフリー。近著に『チームでは教えてくれないプロサッカー選手になるために必要なこと』

「すべての事象をリスペクトできる知性を、
指導者は持つこと。
自分がどんなふるまいをすれば
良い関係性を構築できるかを考えてほしい。
選手に合わせて、自分も自在に変化する。
それが指導者の成長です」

Kappa
Kappa
18

すべてをリスペクトできる知性を

少年サッカーを変えたコーチ。

そんな枕詞がつく池上正は、アスリートのインテリジェンスをこう語る。

「すべての事象をリスペクトできる知性ですね。試合の対戦相手、チームメイト、そして自分がやっているスポーツそのものを。そんなことをしっかり認められる。トップアスリートへの道に欠かせないものです」

池上はジュニアの指導歴40数年。ジェフ千葉や京都サンガで行った巡回指導で教えた子どもはのべ50万人を超える。自著が10冊にのぼるプロコーチなど、池上以外に日本では見当たらない。

２００８年に刊行された『サッカーで子どもがぐんぐん伸びる11の魔法』は８万部のベストセラー。

勝利至上主義や指示命令が当たり前の指導現場に、「問いかける」「気づかせる」「自立させる」「楽しませる」といった新たなコーチングの鍵をもたらす。技術書ばかりが並ぶなかで、指導者のアティチュード（態度）や子どもとのかかわりを説いた内容は、少年サッカー関係者に衝撃を与えた。

トップ選手のインテリジェンスを「リスペクト」と表現した池上。Ｊ２クラブで育成や普及に尽力した後、17年度から小中学生のサッカー指導の傍ら、大阪体育大学で講師を務める。

受け持つ授業は「運動部指導実践論」。運動部顧問の暴力や理不尽な扱いが社会問題になった「ブラック部活」改革の一環として、文部科学省が体育教員を養成する大学に実施を通達した新しいカリキュラムだ。

18年を締めくくるこの授業で、池上は学生に人権啓発ビデオ『わたしたちの声　３人の物語　リスペクト　アザース』を見せた。

あらすじはこうだ。

米国で幼少期を過ごした男子中学生は悩んでいた。教師が「この問題できる人？」と尋ねても誰も反応しないため、彼が挙手するとひやかされる。放課後の野球部の部活で上手くいかない子に親切心で教えていると、「自慢なの？」とからかわれる。

実は米国の野球チームでも、ミスすると「君がミスをするから試合でも負ける」となじられた。が、なじる仲間をコーチが「Ｒｅｓｐｅｃｔ　ｏｔｈｅｒｓ！（リスペクトアザース）」と諭してくれた。この「他者を敬え」という意味のリスペクトアザースは、米国では学校や保育園の先生もよく使ったという。

彼はチャットで米国にいる友人に相談すると、こんな主旨のことを言われる。

「アメリカは多民族国家だから、人種差別がたくさんあるよね。だから、リスペクトアザースという言葉が広まったんだ。ところで、君は日本の仲間をリスペクトしているかい？自分が見本になるしかないよ」


池上はこのような人権教育が日本にないことが、欧米のスポーツ文化と日本のそれとの「圧倒的な違い」だと考える。

「日本では、幼い子どもに、すべての人に大事にされる権利があるんだよ、とか、こんなふうに人を差別してはいけないよ、といったことを大人がきちんと伝えていない。学校でも、物事の価値観や人権、哲学を学ぶ機会はありません」

子どもも大人も人権意識が低いため、周りよりもサッカーが上手い子がそうではない子をけなしたり、逆に上手い子が浮いてしまっていじめが起きる。そのような文化のままでは、少年サッカーで散見される「技術が高い子がテングになり成長が止まるケース」は防げない。

他者をリスペクトできる知性は、成長に必要な要素でもあるのだ。

子どもをリスペクトすべき理由とは

「そのような知性は、指導者が成長するためにも必要です」

そう語る池上は、2019年1月に都立高校で50代教師が男子生徒へ暴行した問題について言及した。暴行の場面がSNSで拡散されて大きな波紋を呼んだが、その前段には生徒たちが「ツイッターで炎上させようぜ」と話していたと言われる。

テレビ等で「そんな生徒は殴られても仕方がない」「学校をやめさせろ」などと生徒側がバッシングされたが、池上はそんな論調に異を唱える。

「子どもたちがそういうことを目論んでしまったのは、なぜなのか。そんな行動や思考はどこからきているのかを、大人たちは考えなくてはいけません。学校や教師たちがやってきた生徒とのかかわりや指導に、問題はなかったのか。その視点が抜けているように見えます」

もしも教師が「何も問題はなかった」と感じても、生徒たちから見ると違うかもしれない。そもそも子ども（生徒）は未熟な存在だ。その未熟さを育てるのが教育なのだから、「学校や先生たちは自分たちの教育を検証する必要があります」と池上は言う。

「大して難しい作業ではありません。教師と生徒がお互いに、どうしてあんなことになったのだろう？　と話し合えばいいことです」

煽《あお》る態度が見えた時点で「どうして、そんなことをするんだ？」と生徒たちに質問すればよかった。そうすると違うものが出てきたかもしれない、と池上は考える。

「それでも（生徒が）脅迫してきたら、自分と生徒の関係性が良くないことに気づかないといけない。教師であれば、生徒にちゃんと反省しようよとまずは告げるべきだった。さまざまなプロセスが欠けている気がする。ただ、そういったプロセスを踏むには、子どもをリスペクトするこころを教師側が持っていることが基本になります」

もしもお互いの意見に傾聴しあえる、話し合える関係性を築けていないのだとしたら、それは学校が機能していないということだ。いま一度関係性が正しかったのかどうかを教師全員で考えなくてはいけないだろう。

「生意気なことを言うな」「生徒のくせに」

一部の人はそのような思考回路でしかないのかもしれない。

池上によると、欧米で子どもに良くない言動が見られると、指導者はこう言って諭す。

「神が君を見てるよ」

コーチに言われると、子どもたちはハッとした表情になるそうだ。だが、宗教が人格形成に大きく影響を及ぼさない日本ではその術がない。

指導する側と、される側。

学校のみならずスポーツの指導現場でも、両者の関係性はブラック部活問題を機に見直されつつある。

「指導者のアイデンティティ。例えば、やさしい物腰の先生もいれば、自分は熱血でやってきたという人もいる。その個性は大事なのですが、それを選手に押し付けないでほしい。目の前の選手や集団を見たうえで、自分がどんなふるまいをすれば良い関係性を構築できるのか。そこを考えてほしい。選手に合わせて、自分も自在に変化する。それが指導者としての成長です」

良い関係性を保てれば、目の前の選手を正確に分析できる。そうすれば、最適な指導法が確立され成長が生まれる。

「それをやるのが指導者の役目。それゆえに、リスペクトする姿勢は、指導者の基本中の基本なのです」

柔道

増地克之

（柔道女子日本代表監督）

「自分のところで結果を出そうと
無理をさせないでほしい。
子どもたちに
後伸びする力を授け、
次のカテゴリーにバトンタッチする。
それが指導者の役割です」

ますち・かつゆき

1970年、三重県出身。筑波大学から同大学大学院修了。現役時代は1990年代の全日本選手権常連として活躍。無差別級のアジア王者に2度輝く。筑波大学柔道部監督を経て、16年より現職。世界大会でのメダル獲得のない異例の代表監督。妻の千代里（旧姓立野）も女子強化スタッフ。

変わる柔道に「自分で考える力」を

どんなスポーツにも「ルール変更」は未来永劫ついてくるが、柔道はリオ五輪後から大幅に変わった。技のポイントは「一本」「技あり」「有効」の3段階だったが、区別がつきづらいとの観点から「有効」を廃止。事実上「一本」以外は「技あり」に統合された。勝敗がわかりやすく攻撃的な柔道が志向されるため、指導差だけで試合の決着をつけない。ビデオ判定で中断となれば、試合の波が変わる可能性もあり、選手の対応力が試される。

女子日本代表監督の増地克之は「スタミナとともに、選手の考える力がこれまで以上に重要になる」と話す。

思考するためには、状況を言語化する力が必要だ。「粘る」とか「我慢する」といったイメージも欠かせないが、何をどうするか、戦術を頭で組み立てる言葉を鍛えなくてはいけない。

「伸びる選手は、課題をしっかり自分で明確に分析できている。僕らに対する説明も理路整然に、順序立てて説明できる選手は結果に現われてきます」と増地。選手のインテリジェンスは「成長し続ける力」なのだ。

「こういう場合はこうしようと考えたのですが、どう思われますか?」

質問が数珠のようにつながって出てくる子は伸びる素地がある。そのように言語化する力をつけるため、女子代表では大会後に選手、担当コーチ、増地で三者ミーティングを実施する。

前もって選手に書いてもらった「課題シート」をもとに自己分析したことを自分で報告。それにコーチや増地が意見するやり方だ。

以前はシートを書くだけだったが、増地が監督になってからミーティングを追加。シートを選手の所属先に送って情報共有することも始めた。

「伸びる選手は、少しずつ言葉が増えてきます。具体的に言えるようになると、課題も、その克服のために行うこともより明確になります」

後伸びさせるインテリジェンスを

わかったか?「はい」

こうするんだ。「はい」

育成年代と言われる小中学生のスポーツの指導現場に行くと、子どもの返事ばかりが聞こえてくる。その様子を見て「集中している」「意欲がある」と判断する向きもあるが、増地は「もっと質問して、選手に考えさせてほしい」と話す。

なぜなら、これまでの育成年代は「勝つための技を教え込む」ことにエネルギーが注がれた過去があるからだ。

増地が集計したデータによると、1984年から2009年までの25年間で全国中学生選抜大会（全中）で優勝した選手が、五輪や世界選手権に出場した割合は8％。入賞者（ベスト8）になるとわずか5％になる。

彼らの多くは、全国高校総体（インターハイ）の時点で消えてしまう。全中優勝者のインターハイ優勝者は21％、全中で各階級のベスト8に残っていた者のうちインターハイでも8に入ったのは26％。つまり74％、約7割強が8強に残れていないのだ。

「現場を見ていると、子どもたちは柔道をやりすぎて、バーンアウトしている。柔道が一番でなければ、その子のすべてが否定される状況に見えた。親や指導者の期待が、子どもたちの足かせになっていたのではないか」

増地の言葉を裏付けるように、2015年9月に全日本柔道連盟は中学生以下の「韓国背負い投げ」を禁止にした。それ以前から頭を打って脳振とうの事例も出ていた技で、受け身が取りにくく重大事故につながるとされ禁止されたのだ。

それ以前はこの技で勝つ中学生は少なくなかった。そうなると、その年齢に応じた基礎的な技のみを教えられた選手は、初めてかけられる技なので受け身ができず敗れてしまう。試合に勝たせるために大人が教えたと言われている。

「自分のところで結果を出そうと無理をさせないでほしい。子どもたちに後伸びする力を授けて、次のカテゴリーにバトンタッチする。それが指導者の役割です」

そう話す増地自身、全中出場経験はない。高校は進学校に進みながらインターハイで入賞。1時間半の練習を集中して行ったのち、高校教員を目指して筑波大学へ進んだ。

小中学生が、多いところでは1日4~5時間練習するとも聞く。

「子どもがもう少しやりたいのに、と不満を言うくらいでやめることです。クタクタになって、練習から帰ったときに勉強できない状態ではいけません」

選手のピークをどこに持ってくるのか。

そのことを日本の柔道界全体で考えなくてはならないと増地は考える。とどのつまりは「後伸びの重要性」と、それを解する「知性」が求められるのだ。

自分の目の前で勝ってくれさえすれば――。

そのような精神は何よりも、講道館柔道の教え「自他共栄」にそぐわない。

100通のラブレター

野球

荒井直樹

（前橋育英高等学校硬式野球部監督）

「雑な字で書いてくるときは、何かあったとき。
気力が充実していると、丹念に書く。
ベンチメンバーから外れると、
途端に字が薄くなったり。
気持ちを切り替えると、
少しずつ濃く書くようになる」

あらい・なおき

1964年、神奈川県出身。日大藤沢高時代、甲子園出場は果たせなかったものの、1年後輩の山本昌投手と二枚看板で活躍した。卒業後はいすゞ自動車へ。日大藤沢高監督を経て2001年から現職。春夏1回ずつ甲子園出場。13年夏の大会で初優勝。著書に『当たり前の積み重ねが、本物になる〜凡事徹底——前橋育英が甲子園を制した理由〜』

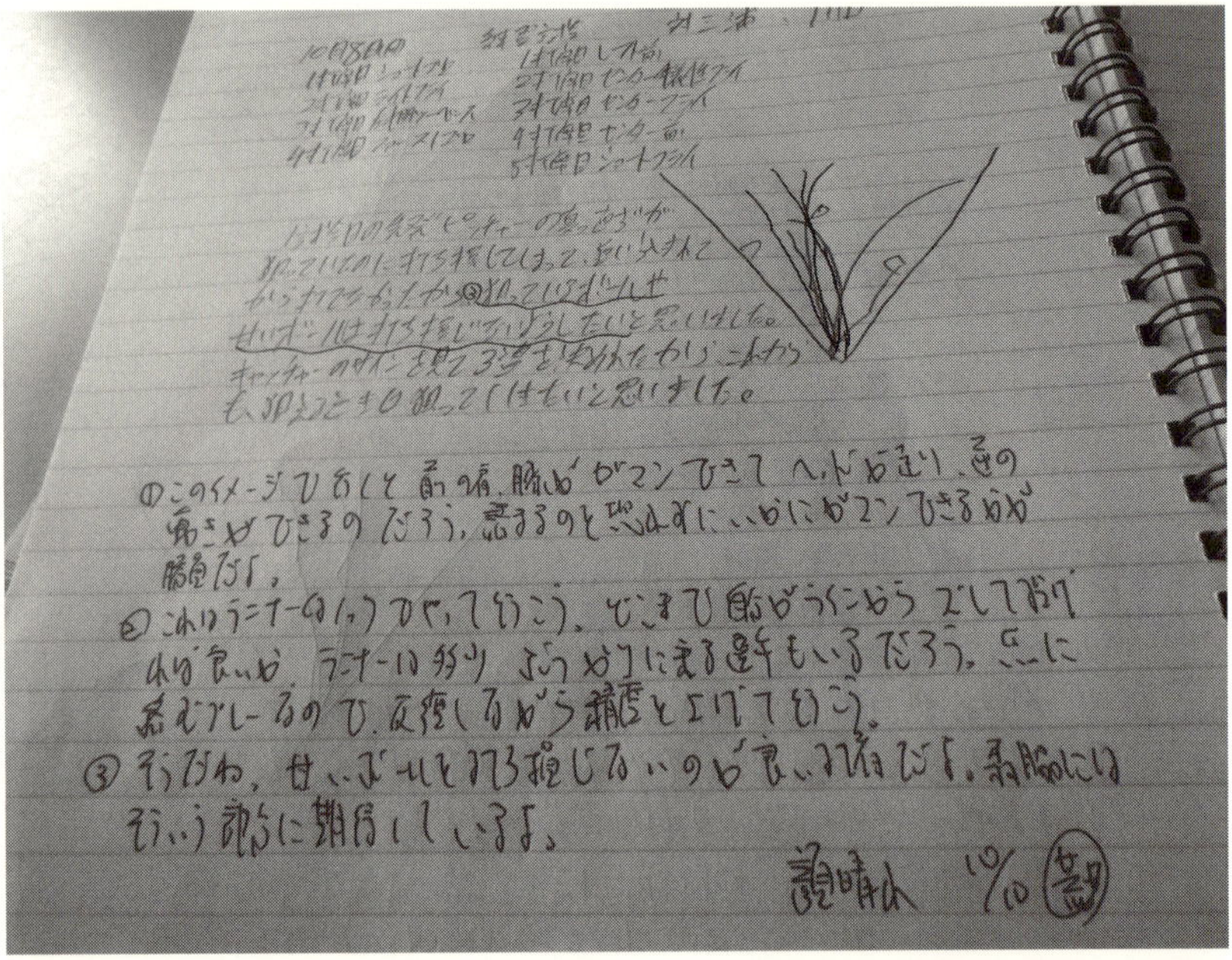

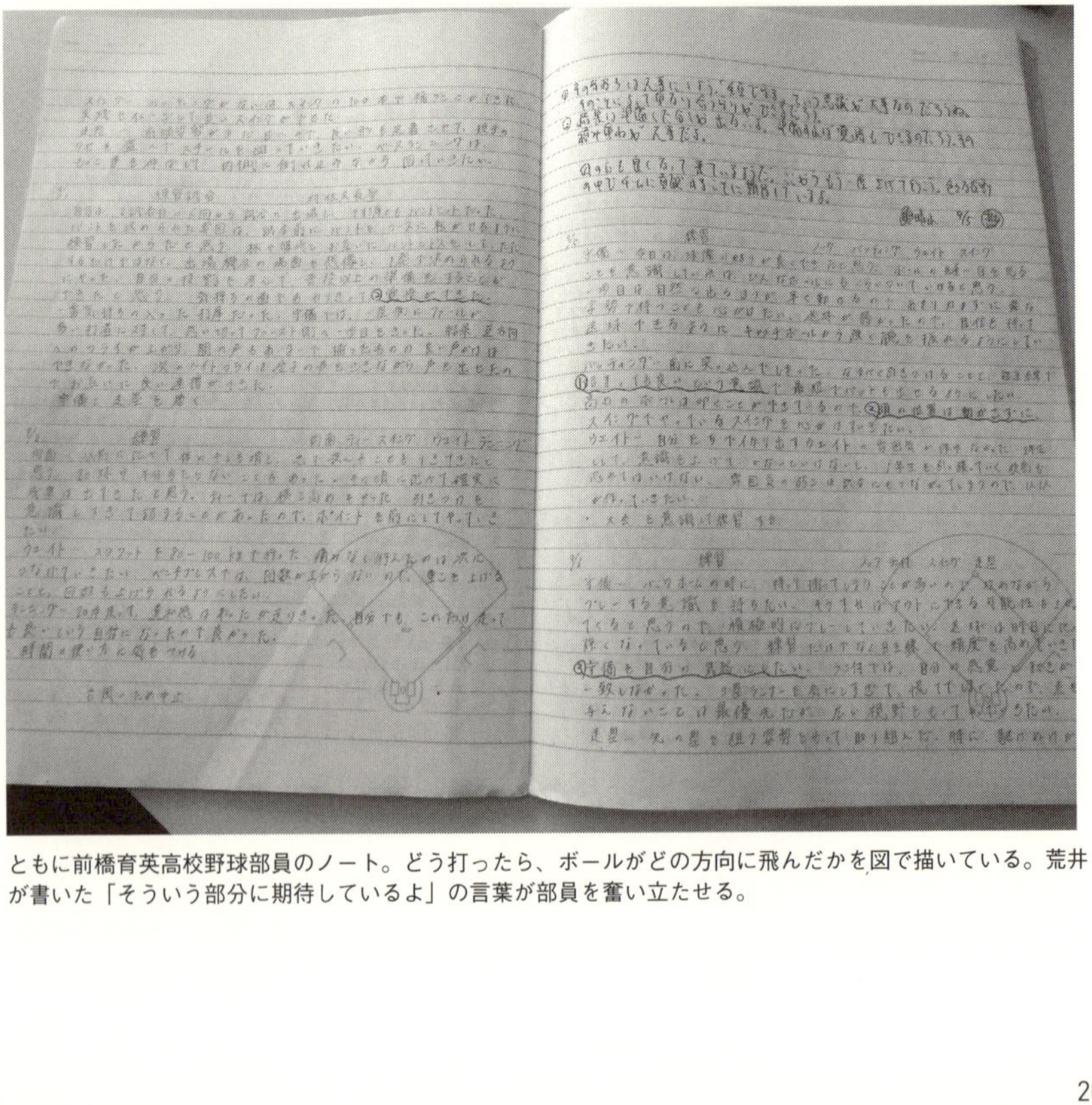

ともに前橋育英高校野球部員のノート。どう打ったら、ボールがどの方向に飛んだかを図で描いている。荒井が書いた「そういう部分に期待しているよ」の言葉が部員を奮い立たせる。

甲子園優勝校の監督なのに。野球の強豪私立をみているのに。本当に珍しい——荒井直樹の指導を知った人はそう言って驚く。めったに怒らないからだ。

「否定しても何も始まらない。僕が本気で怒るのは、自分のミスを他人のせいにしたり、サボったりしたときだけです」と荒井。

見逃し三振も怒らない。一般的には「振ってこいよ!」と叱られることが多いのに。

「3球は振れません。打者はボールに合わせようという本能があるんだから。言うのは簡単だけど、やるのは大変。技術的なことは逃げ道あっていいでしょう」とにこやかに話す。

よって、部員たちが書く野球ノートに、否定的な返事を書かない。

「部員は僕が見ることを前提に書いてます。否定すると、生徒はいいことしか書かなくなる。だから、ノートを評価しません。もう少し具体的に書いたら? くらいは言いますが」

よく書けているなどと褒めることもしたくないが、時折唸らされる。

「毎日野球ができていることを当たり前だと思わず、感謝の気持ちを持って過ごしたい」

そんな殊勝なことを書いてくる子がいる。プレーのここがダメだから、こうしたらいいのではと、極めて論理的に課題解決方法を書いてくる子も。

「走り書きのような雑な字で書いてくるときは、何かあったとき。気力が充実している部員のノートは丹念に書かれている。内容も具体的で、なおかつ前向き。ベンチに入っていたのを外れると、その途端に字が薄くなったりする。だが、気持ちを切り替えていくのか、少しずつ濃く書くようになりますね」

ノートでどんな精神状態なのかがわかる。こころの天気予報みたいなものだ。

社会人になってノートを読み返す卒業生

もちろん、技術の向上にも寄与している。打った方向をイラストで書いたり、こう打ったらこんな打球が飛んだ、などと研究する。

だから、伸びる選手はノートの内容が充実してくる。つまり、ノートが伸びる。ノートが伸びると、野球も上手くなる。

前橋育英では、監督にノートを提出する期間は、1年の秋から3年の夏までのおよそ2年間と決まっている。1年生は各自書いて構わないが、高校生活に慣れるまで大変なので夏が終わるまでは提出義務はない。

週一回、提出するので、卒業までは概ね100回のやりとりをすることになる。各々で多少の差はあるが、全員だいたい5冊ほどになる。

「100回やれば、こころに伝わっていく。ミーティングをしても、部員たちにはそこまで届いていない。彼らはそれぞれ自分を見てほしいのですから。だから、同じだけの時間、同じだけの思いをたくせるノートは僕にとっても大事なもの。こいつを何とかしたい！と思うと、熱が入って何ページも返事を書いてしまう」

荒井にとって部員とのノート交換は「ラブレター的なもの」だという。

「書くときは、その子のことだけを思って書きますから」

つまり、部員たちは、監督から１００通のラブレターを受け取って卒業することになる。

「手紙はいいですよね。メールは読み返さないけれど、手紙は読み返すから」

社会人になった卒業生が顔を見せに学校を訪れた際に「ノートをときどき見るんですよ」と話したそうだ。卒業後は野球を続けていなかったが、野球をしていたときの自分を振り返りたくなったのだろう。

「子どもたちも、僕も、野球のことだけを書くわけじゃありませんからね。人間性が肝心。そこを学んで卒業してほしい」

荒井いわく、他の競技はボールが入って1点。だが、野球は人間がホームベースに入って1点が入る。

「だから、野球は人間性が重要なんだ。人間性対人間性の激突だ。ホームベースは家の形だろ？　ランナーは早く家に帰りたいんだよ」と部員たちに力説する。

「つじつまが合っているような、合ってないような話ですが」と荒井は笑う。

社会人選手時代。臨時コーチをしていた人が、よく荒井に手紙を送ってきた。臨時なので頻繁に来れなかったからか、数十通近く受け取った。そこには励ましやアドバイスがしたためられていた。

「その人がいなかったら野球を続けていないと思う」

よって、荒井も選手たちへラブレターを書き続ける。

高校球児に「語彙や知性は絶対に必要ですよ」と話す。言語化する力、思考力がつくようにと、練習後は15分読書の時間を設けている。

「群馬県の高校野球監督で高卒は僕だけです。運よく全国優勝したけれど、僕ができたんだから誰でも可能性があります」と謙遜する。

一方で、強い集客力、訴求力を持つ大イベントの甲子園に行けば、親も子も舞い上がる。高校球児のなかには、全国大会を経験してダメになる人間もいる。スポーツが持つ怖い側面といえよう。

「人に役に立つ人間になろうと彼らには話している。感謝して生きていけと。勘違いさせないようにしなくてはいけない。野球の上達よりも、周囲から信頼される人間になることが大事だと思っています」

第3章

脳とメンタル

「書く」効能

スポーツ心理学
荒木香織

（園田学園女子大学人間健康学部教授／メンタルトレーニングコンサルタント）

「試合に負けたり、失敗すると、
ノートを替えてしまう人もいる。
敗戦や失敗を『経験』として
とらえていないから。
ノートの使い方には、
競技との向き合い方が現われる」

あらき・かおり
京都市出身。日本大学文理学部卒業後、スポーツ心理学を学び米国の大学院で修士、博士課程を修了。エディ・ジョーンズ氏に請われ15人制ラグビー男子日本代表メンタルコーチを2012年から2015年ラグビーW杯イングランド大会終了まで担当。著書に『ラグビー日本代表を変えた「心の鍛え方」』（講談社＋α新書）。（株）CORAZONチーフコンサルタント。

書いて不安を消すトップシンガー

ラグビー日本代表のメンタルコーチとしてエディー・ジャパンを支えた園田学園女子大学人間健康学部教授の荒木香織は、トップアスリート以外に芸能人もサポートする。

あるトップシンガーは、ライブやテレビ中継の本番前に過度に緊張してしまうのが悩みだった。

「衣装のチェックなど、歌うまでにやるべきことを忘れたらどうしようとドキドキしてしまうんです」と、荒木に打ち明けた。

勧めたのは、不安なことを書き出す作業だ。

「しないといけないことは何かな？　そこに持っていくものは何だろう？　家を出るところから、本番を迎えるまでの順番を書き出して、その通りにやってみましょうか」

一度やってみて、うまくいかないところがあれば改善点を洗い出す。

例えば「入浴する」という行動があれば、「それは何のために？」と目的を質問する。

「リラックスするためです」

目的の伴った行動は意味があるので大切にする。何度も試して改善し自分のルーティーンをつくりあげたら、気分が楽になった。

人は誰しも、何かに挑戦するときは不安を抱く。

荒木によると、数学の試験の前に、何が不安かを書きだしてから挑んだ学生と、それをしなかった場合では、不安を書きだした側が点数が上がったという実験結果もある。

「アスリートは不安でいっぱい。失敗したらどうしよう。上手くいかなかったらどうしようと思っている。でも、ほとんどの選手が解決方法を知りません」

周囲の人たちからは「大丈夫」「頑張れ」といわれる。コーチから「大丈夫か?」と言われれば、「はい!」とつい空元気を見せてしまう。弱いやつだと思われたくない。

「緊張するだろうけど、悔いのないように」の励ましは余計にストレスだ。緊張を何とかしたいのに、不安は「ないもの」のように扱われてしまう現状がある。

「選手が本音でコミュニケーションしていないように見えるときがある。何が不安なのか。そのネガティブな感情がどこから来るのかを突き止め、解消しておく準備が必要なのに」

荒木はそう言って残念がる。

よって、不安を書き出し、自分の中で整理する。自分のこころの状態を明確にする手段のひとつだ。ノート以外なら、スマホでもいい。文字化して振り返ることが重要だ。

荒木は選手にカードを渡す。そこにやるべきことやキーワードを書き込んでおく。本番までに確認すること。アップの順番、飲み物、持ち物すべて書く。自分が最高のタックルをした写真でもいい。それに「角度、真っ直ぐ」などと書き込む。

「書いても響かない人もいる。字でイメージできない、想像できない。写真のほうが成果が出ることもある。やってみないとわからないので、最も重要な試合までに試していく」

書いた経験が少ない人が書くと、効果は大きい。逆に書くことが好きな人は、それだけで満足してしまうこともある。

「試合に負けたり、失敗するとノートを替えてしまう人もいます。敗戦や失敗を『経験』としてとらえていないから。ノートの使い方には、競技との向き合い方も現われます」

「目標」より「企画書」をもつ

「目標を持ちなさい」

親や教師はそう言って、よく子どもを戒める。

しかし、スポーツ心理学では「目標を持つ」よりも、「企画書を持て」が適切だという。県大会出場とか市大会優勝といった「結果」を、目標におきがちだが、何かを達成するための企画書を考え、それを実行していくことに目を向けたほうがいい。

「目標は自分が何かを成し遂げるために楽しく取り組めるガイドラインだと考えてほし

い。多くの人が優勝などの目標設定はするけれど、そのガイドラインをつくれていません」

それゆえに、ノートなどで「これは何のために」「どうやって」行うかといったミニ企画書をつくるのが有効だろう。

そのようにノートと向き合っていれば、おのずと方法論は明確になる。スポーツの現場では「しっかり」「意識しよう」「ちゃんとやろう」「頑張ろう」といった、あいまい言葉が出現しがちである。

「そこをノートのなかで、具体化するわけです。何に意識を向けるか、集中するのか。それはどの程度かをハッキリさせるためにノートは活用できます」

指導者も同じことが言える。特に、指導現場に行くと「しっかり」が頻出していることがわかる。「しっかりやれ」「しっかり見て」「しっかり食べろ」などだ。頭の中にガイドラインを描く準備が必要なのかもしれない。

加えて、「いつまでに」といった達成する期限もつける。やりながら、達成可能かどうかを確認し、企画書を作り直す勇気も必要だ。

そのなかで「やりすぎない自分を評価すること」が重要だという。無理をすると継続できない。

「ガイドラインや目標設定が合っていれば、けがや故障なく練習できるはず。故障や精神的にバーンアウトの兆候があれば、ガイドラインはつくりなおしたほうがいいでしょう」

その際、前述したように「敗戦や失敗を経験としてとらえる」ことが肝要だ。

荒木は「失敗必要論」を訴えるとき、マイケル・ジョーダンの言葉を引用する。

「私は9000本以上のシュートを外し、約300試合に負けた。試合を決めるウィニングショットを任され、26回外している。人生で、何度も、何度も、失敗した。だからこそ私は、選手として成功することができたのだ」

トーマス・エジソンが新聞記者に「1万回も失敗を積み重ねたのに、なぜ挫折することなく研究を続けることができたのか?」と尋ねられたときの言葉もよく知られる。

「私は失敗などしていない。1万通りのダメな方法を見つけただけだ」

失敗したら、それを認め、どうすればいいか。次に向けて、どう準備すればいいか。

そこを考えるのが、選手及び指導者のインテリジェンスなのかもしれない。

脳科学

篠原菊紀

（公立諏訪東京理科大学情報応用工学科教授）

「コーチは触媒。
化学変化のきっかけにすぎない。
どこを伸ばされたのかわからないまま、
選手が勝手に成長するのが理想。
『コーチのおかげ』といつまでも尊敬され、
それを望んでいては、選手に自立はない」

しのはら・きくのり

1960年、長野県出身。茅野市縄文ふるさと大使。東京大学、同大学院教育学研究科修了。医療介護健康工学部門長。『チコちゃんに叱られる』などテレビ出演多数。著書に『もっと！イキイキ脳トレドリル』『「すぐにやる脳」に変わる37の習慣』『子どもが勉強好きになる子育て』など。

本書で紹介した選手や指導者は大きな成果を収めた人たちだ。参考にしてもらいたいが、あくまでもその人だからできたことであって、真似た全員ができるわけではない。「成功者を基準にしてもうまくいきませんよ」という考え方。「成功バイアス」（生存バイアス）というものだ。ひとりの成功者（生存者）の陰には、無数の失敗者がいるからだ。

本書で、アスリートのノートを脳科学的な側面から解説した篠原菊紀は、本書をこう読み解く。

「ひとりの成功者を真似ても失敗するだろうけど、これだけ（成功者を）集めれば、そこに共通性が生まれる。それが、主体性・自発性といった自主自立のコンセプトでしょう。この本は結局のところ、それによって貫かれています」

篠原は、学習や運動、遊んでいるときなど日常的な場面での脳活動を調査。エビデンスに基づいた解説に、ファンは多い。著書は数十冊にのぼり、企業とタイアップした幼児教材の開発や、脳トレーニングの研究等も行っている。

「主体性・自発性」を育むことが、さまざまな人たちの「成長し続ける力」になることはこうした領域では常識らしい。本書でも、高齢者のリハビリで主体的に取り組んだ人が、そうでない人より、側坐核の活動を介して成果を上げることを解説している。

「筋トレをやったり、スキルを覚えると同時に、選手は自主自立を意識すべき。コーチも同じです。そこを育てないと、スポーツ指導は成立しない。選手が自立して成長していきません」

それでは、本書に登場する人たちの、自主自立以外の共通性は何だろうか。

ひとつめとして、篠原は「指導者の本来の役割」を挙げる。

指導者は選手の「着火剤」

大坂なおみ選手が、グランドスラム2連覇をサポートしたサーシャ・バインコーチとの契約を解消したことが取り沙汰されたが、篠原は「もういらないといわれるコーチの理想」と称える。

「選手からすれば、何を教わったのか忘れるほど血肉化しているのが理想。コーチは触媒。化学変化のきっかけにすぎず、選手が勝手に成長するのが良い。『コーチのおかげ』といつまでも尊敬され、それを望んでいては、選手に自立はありません」

選手はコーチを卒業していくのだ。

「彼が大坂選手に言われたかはわかりませんが、『あなたのおかげでここまで来たんじゃない』と選手に言われるくらいでいい。いつまでも尊敬されるコーチはダメです」

なるほど、コーチは選手に超えられる、もしくは「超えられた」と思わせてナンボなのだろう。選手を自分の想定外にまで伸ばすのが優秀なコーチと言われるが、こう思わせるのはその証だと言える。

「コーチは着火剤でいいんです」

こう話す篠原によると、スポーツのコーチングはビジネスの世界でいう「コンサルティング」と同様の役目を担う。

「すでにあるリソースなどと組み合わせて、方向を定めるサポートをしていく。そうすると、クライアント（企業側）が勝手に発火してビジネスが進んでいく。それと同じ。すれ違って指導を受けたら、いつの間にか伸びていたと選手に思わせる存在ですね」。

ゴルフのガレス・ジョーンズ、バスケットの恩塚亨、テニスの柏井正樹、サッカーの畑喜美夫と池上正、ラグビーの中竹竜二。恐らくは伊藤美誠をサポートする松﨑大佑も。「あのコーチのおかげで伸びた」と選手に思わせない指導者であり、彼ら自身もそれをまったく望んでいない。

ふたつめは「メタ認知力」。

選手が成長し続けるには、自主自立とともに「自分が伸びていくためには何が必要か？」という部分を客観（体）視できる「メタ認知力」が必要だ。

さらにいえば、メタ認知は、スキルを磨く以外にも必要だ。自分が今うまくいっているのか、いないのかに加えて、先々どうなるかを予測しながら、現時点での自分のあり方に結びつける認知力である。

「そのあたり、恩塚さんは『なんのために』と言う言葉でこれを見せようとしているし、ガレスさんは『成長志向』という言葉でそれを理解させようとしている。両者が伝えようとしていることはほぼ同じです」と篠原。

つまり、自分の未来に注目することで、現在努力していることに確かな意味を持たせる。

「特に、恩塚さんの良いところは、ひとつの型にはめ込もうとしていないところに好感が持てます。例えば、人の役に立てとか、人生はこうあるべきだ、とか。普通の大人は世の中一般で望まれることを集約して話してしまいがちなのですが、彼はそこはフリーにしている。選手に任せています」

三つめは「言語化する力」を持っていること。

パソコン、スマホ。映像分析ソフトの精度が上がったことで、映像はアスリートのスキルアップに欠かせないツールになった。

「でも、微調整には言語能力は必要。ここはこうでしょ、ここと違うというように選手と話し合うので、言語能力が不自由なコーチ、選手でも、言葉を獲得する場にもなります」

エピローグ

ノートは主体性の萌芽

世界に手をかけるアスリートたちを貫く一本の串。

それは「主体性」だった。

「自分から考える、動く」というマインドセットを、伊藤美誠選手、早田ひな選手、朝比奈沙羅選手といったトップアスリートは持ち合わせている。彼女たちが書くノートは、主体性の萌芽になっている。

国際舞台に選手を送り出す指導者の視点も、同様だ。

日本ゴルフの育成に大きな成長戦略を与えたガレス・ジョーンズさんや、ラグビーの育成を担う中竹竜二さん、日本の女子バスケットをリードしていくであろう恩塚亨さんなど。本書に登場する全員が、根性論で追い込む旧来の手法とは180度異なる指導法で成功している。

彼ら成功者の共通項である、主体性。

それがなぜ必要なのかを、脳科学の観点から篠原菊紀さんに、スポーツ心理学では荒木香織さんに話を聞かせてもらった。

「自分からやったほうがいいに決まっている。でも、やらないときはどうするの？」

学校でも、企業でも、家庭でも、そんな声を聞く。

そのヒントが、彼らが導き出した「主体性の処方箋」にちりばめられている。


２０２０東京オリンピック・パラリンピックを1年後に控え、週刊誌『ＡＥＲＡ』でパラスポーツの連載を担当することになった。

パラアスリートたちを訪ねると、多くが感慨深げに話す。

「人生をスポーツに支えられています」と。

栄光とか、名誉とか、自己実現だけでなく、「生きるため」に彼らはスポーツと向き合っている。誰にやらされるでもない、自分が選んだものを自分の意思で追求するのだ。

日本のアスリート全員にそうなってほしい。スポーツ少年団の小学生も、部活動を頑張る中高生も。

スポーツは、人が自分の二本の足で立ち人生を泳ぎ切る力を与えてくれる。

アスリートたちのノートから、そのことを少しでも感じてもらえたら幸いだ。

取材に応じてくださった選手、指導者の皆さん、いつも取材でお世話になっている篠原菊紀先生に、本当にありがとうございました。

島沢優子

AUTHOR PROFILE

島沢 優子（しまざわ ゆうこ）

ジャーナリスト。筑波大学体育専門学群４年時に全日本女子大学バスケットボール選手権優勝。２年間の英国留学等を経て日刊スポーツ新聞社東京本社勤務。1998年からフリー。『ＡＥＲＡ』『東洋経済オンライン』などで、スポーツ、教育関係等をフィールドに執筆。少年サッカーの情報ウエブ『サカイク』の連載『蹴球子育てのツボ』は、2018年最も読まれたコラム第２位。

著書に『左手一本のシュート　夢あればこそ！脳出血、右半身麻痺からの復活』（小学館）『桜宮高校バスケット部体罰事件の真実　そして少年は死ぬことに決めた』（朝日新聞出版）『部活があぶない』（講談社現代新書）など。日本文藝家協会会員。

STAFF

本文・カバーデザイン　二ノ宮匡（ニクスインク）
DTPオペレーション　株式会社ライブ
編集　滝川昂、小室聡（株式会社カンゼン）

世界を獲るノート
アスリートのインテリジェンス

発行日　2019年3月28日　初版
2024年6月18日　第２刷　発行

著者　島沢 優子
発行人　坪井 義哉
発行所　株式会社カンゼン
〒101-0021
東京都千代田区外神田2-7-1 開花ビル
TEL 03（5295）7723
FAX 03（5295）7725
https://www.kanzen.jp/
郵便為替 00150-7-130339
印刷・製本　株式会社シナノ

ISBN 978-4-86255-498-7
Printed in Japan
定価はカバーに表示してあります。

ご意見、ご感想に関しましては、kanso@kanzen.jpまでEメールにてお寄せ下さい。お待ちしております。